MELHORES POEMAS

Armando Freitas Filho

Direção
EDLA VAN STEEN

MELHORES POEMAS

Armando Freitas Filho

Seleção
HELOISA BUARQUE DE HOLLANDA

São Paulo
2010

© Armando Freitas Filho, 2005

1ª Edição, Global Editora, São Paulo 2010

Diretor-Editorial
Jefferson L. Alves

Gerente de Produção
Flávio Samuel

Coordenadora-Editorial
Dida Bessana

Assistentes-Editoriais
Alessandra Biral
João Reynaldo de Paiva

Revisão
Luciana Chagas
Tatiana Y. Tanaka

Projeto de Capa
Victor Burton

Editoração Eletrônica
Antonio Silvio Lopes

Dados Internacionais de Catalogação na Publicação (CIP)
(Câmara Brasileira do Livro, SP, Brasil)

Freitas Filho, Armando.
  Melhores poemas Armando Freitas Filho / Edla van Steen [direção] : Heloisa Buarque de Hollanda [seleção e prefácio]. – 1. ed. – São Paulo : Global, 2010. (Coleção Melhores Poemas).

  Bibliografia.
  ISBN 978-85-260-0219-7

  1. Poesia brasileira. I. Hollanda, Heloisa Buarque de. II. Steen, Edla van. III. Título. IV. Série.

10-01939   CDD-869-91

Índices para catálogo sistemático:

1. Poesia : Literatura brasileira   869.91

Direitos Reservados

**Global Editora e
Distribuidora Ltda.**

Rua Pirapitingui, 111 – Liberdade
CEP 01508-020 – São Paulo – SP
Tel.: (11) 3277-7999 – Fax: (11) 3277-8141
e-mail: global@globaleditora.com.br
www.globaleditora.com.br

Obra atualizada conforme o
Novo Acordo Ortográfico da Língua Portuguesa

Colabore com a produção científica e cultural.
Proibida a reprodução total ou parcial desta obra
sem a autorização dos editores.

Nº de Catálogo: **2665**

Heloisa Buarque de Hollanda, professora titular de Teoria Crítica da Cultura da Escola de Comunicação da Universidade Federal do Rio de Janeiro, é coordenadora do Programa Avançado de Cultura Contemporânea/ Fórum de Ciência e Cultura da UFRJ, diretora d'O Instituto Projetos e Pesquisa e da Aeroplano Editora Consultoria, bem como curadora do Portal Literal (www.literal.com.br). Foi diretora da Editora UFRJ e do Museu da Imagem e do Som do Rio de Janeiro. Dirigiu o programa *Culturama* na TVE, *Café com letra* na Rádio MEC e os documentários cinematográficos: *Dr. Alceu*, *Joaquim Cardozo* e *Xarabovalha: o teatro independente nos anos 70*. Foi curadora de várias exposições, entre as quais *Dez anos sem Chico Mendes* (SESC-Rio, 1998), *Estética da periferia* (Centro Cultural dos Correios-RJ, julho de 2005), *Estética da periferia: diálogos urgentes* (Mamam, Recife, setembro de 2007), *Manobras radicais*: artistas mulheres na década de 90 (CCBB-SP, agosto de 2006), *Blooks (blogs + books)* (Instituto Oi Futuro, Rio de Janeiro, agosto de 2007 e SESC Pinheiros, São Paulo, maio de 2009), *H_2O, o futuro da águas* (SESC-RJ, janeiro de 2009), *Vento Forte: 50 Anos de Teatro Oficina* (Centro Cultural dos Correios-RJ, janeiro de 2009) e *O jardim da oposição* (Escola de Artes Visuais do Parque Lage, junho de 2009). Tem inúmeros artigos nas áreas de arte, literatura, cultura digital, cultura da periferia e políticas culturais. Publicou vários livros, entre os quais: *26 poetas hoje*, 1976; *Macunaíma da literatura ao cinema*, 1979; *Impressões de viagem*, 1979; *Cultura e participação nos anos 60*, 1982; *Pós-modernismo* *e política*, 1991; *O feminismo como crítica da cultura*, 1994; *Horizontes plurais:* novos estudos de gênero no Brasil, 1998; *Esses poetas:* uma antologia dos anos 90, 1998; *Cultura em trânsito*: da repressão à abertura (com Zuenir Ventura e Elio Gaspari), 1999; *Correspondência incompleta: Ana Cristina César* (com Armando Freitas Filho), 1999; *Guia poético do Rio de Janeiro*, 2001; *Puentes, Pontes*, Buenos Aires, Fondo de Cultura Económica, 2003; *Asdrúbal trouxe o trombone*: memórias de uma trupe solitária de comediantes que abalou os anos 70, Rio de Janeiro, Aeroplano Editora, 2004; *Melhores crônicas Rachel de Queiroz*, São Paulo, Global Editora, 2005; *Rachel de Queiroz*, Rio de Janeiro, Ediouro/Agir, 2006; e *Otra línea de fuego*, Málaga, CDMA, 2009; *ENTER, uma antologia digital*, 2009; *Escolhas*: uma autobiografia intelectual, Editora Língua Geral, 2009.

PREFÁCIO

Armando Freitas Filho é considerado hoje um dos maiores poetas vivos no Brasil. Sua poesia é aguda, trabalhada, nervosa. Ainda que portador de um inegável talento, chamam atenção as variações que seu trabalho revela de um pacto extremamente rigoroso com o ofício do poema ou, no mínimo, uma dedicação quase obsessiva com o exercício constante da linguagem. Talvez essa dedicação integral ao trabalho com a poesia faça que, em Armando, poesia e trajetória de vida sejam curiosamente imbricadas, dando, às vezes, até improvável impressão de que suas escolhas existenciais sejam feitas em função de seu projeto poético. Como diria o poeta sobre uma dada cineasta, ele pode ser tomado como um típico ser *vocacionado*. Com todas as surpresas e implicações que essa qualificação possa trazer.

É por acreditar nesse estranho diagnóstico que vou me permitir, nesta introdução à sua poesia, trazer à tona alguns dados de sua vida que me parecem não apenas instrumentais, mas, sobretudo, estratégicos para a compreensão de seu processo de construção de linguagem e de certos *não ditos* de sua poética.

Começo pelo começo, contando uma história quase comum sobre um poeta incomum. Armando Freitas Filho nasceu no Rio de Janeiro, em 1940, e desde muito pequeno morou com seu clã familiar, numa enorme casa de doze quartos, no bairro da Urca. Ocupavam esses doze quartos seus avós maternos, seus pais, tios, sobrinhos, primos. Não eram muitos os netos (apenas quatro), todos primos, dos quais nosso poeta era o mais moço. Ao contrário dos outros três, alunos exemplares, Armando não se destacava na escola. Nem no convívio familiar. Assim, sua recepção na família sempre foi marcada pela ambiguidade. Até o dia em que, com onze anos, foi levado para fazer o famoso teste de QI, bastante comum na época. Seus primos tiveram na avaliação do coeficiente de inteligência notas bastante altas, por volta dos 130 pontos. Armando, patinho feio, surpreendeu a todos com um coeficiente de 158. Ele não sabia que era inteligente, tampouco sua família. Seu pai, pego de surpresa, disse: "Mas o Orson Welles tem 152!". Seus primos, aparentemente, nunca o perdoaram por isso.

Armando sempre foi um aluno com desempenho médio, mas destacava-se nas redações. Escrevia tão bem quanto compulsivamente. Não contente em fazer seus deveres de redação, fazia também os de seus colegas, conseguindo mesmo imitar, na perfeição, seus estilos pessoais e até suas caligrafias. Sua segunda *expertise* era o futebol. Sabia tudo. Os jogos, os craques, em que minuto e por quem foram realizados os gols, qual era o técnico nesse momento, tudo.

Sua escrita começou, então, em duas vertentes: a prática polivalente da redação escolar experimentada como um jogo de precisão e textos sobre futebol, registrados minuciosamente num caderno onde comentava todos os jogos que ouvia no rádio, o traçado do gol, a performance de cada jogador, escritos na mais pura técnica da minúcia descritiva formal.

Mas foi em 1955, aos quinze anos, que ganhou de seu pai um presente que definiria seus caminhos dali em diante. O presente foi um LP em cujo lado A Manuel Bandeira falava seus poemas; no lado B, era Carlos Drummond de Andrade quem recitava produções próprias. Armando decorou imediatamente todos os poemas. Sua paixão/predileção por Drummond foi imediata, para espanto geral. Na sua idade, já era uma façanha intelectual gostar de Bandeira, na época reconhecido como o grande poeta brasileiro. Mas Armando preferiu Drummond, o do lado B, poeta difícil, complicado, áspero, rústico.

Começa então um exercício de linguagem estranho ou, pelo menos, não muito comum. Diariamente, se exercitava criando pastiches a partir dos poemas de Drummond, como, no passado, quando havia mimetizado a linguagem dos colegas nas redações escolares. Assim, escolhia um poema drummondiano e dali fazia um outro, quase o mesmo. Por exemplo: o poema "Morte no avião" de Drummond termina com o verso: "Caio verticalmente e me transformo em notícia". Armando escrevia: "Caio verticalmente e me transformo em manchete". Era esse seu mais importante dever de casa.

Aos quinze anos, Armando não só havia decidido que seria poeta como, simultaneamente, descobria que poesia era um ofício trabalhoso, difícil, complicado, que exigia rigor e disciplina. Declara então, em alto e bom som, para sua família, que decididamente não faria um curso superior. É fácil imaginar que essa decisão, numa casa de médicos e magistrados, ganhasse as cores de um drama familiar. Mas o poeta insistiu e venceu com o argumento de que precisava escrever e que qualquer faculdade o iria desconcentrar de uma tarefa já antevista por ele como árdua e trabalhosa. Já nessa época suas predileções literárias divergiam das dos primos. Armando rejeitava Monteiro Lobato, Júlio Verne, Sherlock Holmes. Preferia ler jornal, muito jornal, e literatura B, tipo *Arsène Lupin*, de Maurice Leblanc.

Não foi por acaso que seu primeiro livro, *Palavra*, escrito entre 1960 e 1962, gerou uma séria crise. Ninguém parecia entendê-lo. Sua prática literária estava fixada, espelhada em Drummond. É importante lembrar que Drummond, naquela época, não tinha o reconhecimento que tem hoje; era considerado um poeta rústico, complicado. Nesse sentido, como revela com humor o próprio autor, *Palavra* foi uma obra *encrencada*. *Palavra* é, portanto, um livro temática e estilisticamente difícil.

Pronto para publicação, Armando, nervoso e hesitante, foi, acompanhado por seu pai, apresentar *Palavra* a Manuel Bandeira. Sua sensação era de pânico: a de estar indo para o juízo final. Armando tinha 22 anos, carregava nas mãos um livro que era bastante complexo e se via diante de um elegantíssimo Manuel Bandeira, então considerado o maior poeta nacional vivo, trajando um *veston* de seda pura. O apartamento de Manuel Bandeira era pequeno e coberto de livros, com vista para o aeroporto Santos Dumont. Depois de um tempo, durante o qual Armando permanecia mudo e amedrontado, Bandeira entrou finalmente no assunto e disse: "Achei o seu livro interessantíssimo, mas não tenho condições de dar uma opinião sobre ele." E prosseguiu, com uma lição bastante importante para jovens poetas: "Quem pode dar a um jovem poeta uma opinião valiosa não é o grande poeta, é um poeta mais próximo de sua geração." E o aconselhou a procurar Ferreira Gullar ou Zé Guilherme Merquior. O livro foi então levado para Merquior, que reagiu considerando-o excepcional e aconselhando sua publicação imediata. Ficaram amigos. Foi assim que *Palavra* saiu, em 1963, pago por seu pai e feito com sobras de papel da Editora do Autor, de Fernando Sabino. Foi impresso na gráfica Borsói, com capa de Rubens Gerchman, sóbria, preta, branca e cinza.

Palavra é um livro severo que fala da infância do poeta, não a de sua pessoa, mas a de sua escrita. Sabe que precisa tomar partidos de linguagem, percebe que a palavra só surge quando surge o poema, angustia-se com o que seria anterior à escrita. Para um livro de estreia, Armando apostou alto, recusou todo e qualquer gesto facilitador, encarou de frente a arte da palavra. Uma arte que exige um trabalho de precisão de engenharia e sonoridades. Descobriu também que Drummond foi e continua sendo um poeta que não se acaba de ler nunca.

A epígrafe de *Palavra*, e, provavelmente, a sugestão do título de sua primeira obra, vem de Drummond: "Palavra, palavra/ (digo exasperado)/,/ se me desafias/ aceito o combate." É esse combate que vamos seguir aqui, observando as trilhas, os caminhos e desafios que o poeta se impôs num percorrer seguro, no qual cada verso é uma busca e uma vitória. O poema "Infância", que abre *Palavra*, é eloquente nesse sentido: "A mão deseja/ um barco/ mas o lápis/ faz um peixe// de madeira/ arpoado pela/ cor: zarcão!/ grade sobre guelra/ relva no papel/ verde vento/ rabiscado// abandonado// barco, brisa, borco." Ou em "Corpo", no qual vê o próprio corpo como uma elaborada estrutura reativa, que restringe o salto, o movimento, e que traz a possibilidade da morte, um dos *leitmotifs* subliminares da extensa obra de Armando Freitas Filho. Diz o poema: "Acrobata enredado/ em clausura de pele/ sem nenhuma ruptura/ para onde me leva/ sua estrutura? [...] Engenho de febre/ sono e lembrança/ que arma/ e desarma minha morte/ em armadura de treva." Já aqui nesse primeiro livro, podemos observar o trabalho do poeta com o estranhamento promovido pela divisão inesperada dos versos, um desejo de síncope, recurso que omite, intriga, gagueja.

Apesar de não ser de fácil leitura, o livro saiu e teve uma bela carreira com críticas positivas pelo Brasil todo. Só duas críticas foram negativas: a de Walmir Ayala e a de Geir Campos, que consideraram o livro muito árido, seco. O que era precisamente o empenho do poeta: a busca da economia, da ausência de ênfase. Uma combinatória de Drummond e Cabral, e de uma certa entonação da prosa de Bandeira. É mais ou menos assim o poema "Projeto", que examina as identificações possíveis entre o poeta e as práticas do jardineiro e do engenheiro, ambos diante da natureza. O primeiro apostando no risco livre, o segundo, no calculado. A tensão da poesia aqui já é antevista com certa ansiedade pelo jovem autor: "Jardineiro e engenheiro/ ligados por linha/ e rima// operam/ em dois espaços:/ um risca a planta/ no terraço// outro/ a planta/ no mormaço// esta, largada/ aquela : milimetrada."

Mas é a presença confessa de Drummond, a quem conheceu um ano mais tarde, em 1963, na livraria São José, bem como o modelo de sua poética desde então, que passam a acompanhar decisivamente a trajetória de Armando. São inúmeros, ao longo de sua obra, os poemas sobre Drummond. Especialmente em *Numeral/ Nominal*, publicado já na maturidade, em 2003, temos uma série de poemas expondo de peito aberto sua fascinação e filiação ao poeta mineiro. Entre eles o mais impactante é "CDA no coração", poema longo onde lemos, logo de início: "Drummond é Deus. Pai inalcançável/ Não reconhece os filhos. A mão ossuda/ e dura, de unhas rachadas, não abençoa:/ escreve, sem querer, contudo, a vida/ de cada um misturada com a sua [...]". A este seguem-se "CDA na cabeça" ("[...] E com um traço de horizonte/ ao fundo, para iludir melhor/ quem o quer alcançar – logo ali/ logo além – sempre recuando/ à mão agrimensora que refaz/ o cálculo, toda vez, mas acaba/ por contar incerto, e se interrompe. [...]"), "Drummond andando", "Palavra-chave", "Manual da máquina CDA", "DNA, CDA" e muitas outras referências mais ou menos explícitas a seu poeta de eleição.

Passado o lançamento de *Palavra*, Armando entrou numa crise fóbica séria. Passou dois anos sem sair de casa, trancado, lendo, fichando, anotando, sublinhando tudo que lia e escrevendo compulsivamente, sozinho. A missão de poeta, tal como sentia na época, e mais o sucesso do primeiro livro o deixavam paralisado, o que o levou a um tratamento psiquiátrico com o doutor Leme Lopes. Entretanto, mesmo nos piores momentos desses dois anos, Armando não parou de produzir e já adiantava seu próximo livro.

Superada a crise, começa, em 1968, a trabalhar na Fundação Casa de Rui Barbosa, exercendo atividade de pesquisa e consultoria em literatura e artes, uma prática que vai acompanhar o poeta por 35 anos, em várias instituições federais de cultura, como MEC, Conselho Federal de Cultura, Instituto Nacional do Livro, Fundação Biblioteca Nacional e Funarte, onde mais tarde se aposenta.

Seu segundo livro, *Dual*, é publicado em 1966. *Dual*, de certa forma, reflete uma crítica de Eduardo Portela sobre *Palavra*, publicada na revista *Tempo bra-*

sileiro. Portela, o grande crítico jovem daquela época, elogiou muito o primeiro livro de Armando, mas estranhou, em tempos de chumbo, uma poesia pouco participante, alheia ao momento difícil que o país vivia, sob o jugo da ditadura militar. Na trajetória do poeta, essa foi uma crítica importante, nunca esquecida. *Dual* se empenha em absorver o momento e produzir uma poesia mais participante. Assim, apesar de ter sido quase todo criado num período em que o poeta não saía de casa, *Dual* é um livro que claramente se abre para fora, para a realidade social e para o contexto politicamente agitado da segunda metade dos anos 1960.

Essa preocupação é mais consolidada em sua terceira obra, *Marca registrada*, um livro minuciosamente programado. O próprio título reforça e explica um pouco a intencionalidade de trabalhar, nessa obra, todos os poemas obedecendo a um mesmo padrão, sem variações. Em contraste com seus livros anteriores, há nos poemas que compõem *Marca registrada* uma insistência na procura da linguagem que organiza a palavra, uma linguagem desenfática. Alguns exemplos podem comprovar essa mudança.

Como em "Sociedade Anônima":

> Perfil de pedra
> no espaço o prédio
> se arremessa e cresce.
> Plantados impulsos
> na rua, passeatas
> expressas na praça.
> Pressões e prisões
> pessoas perdidas

protestam, o povo
pulsa no asfalto:
pop – população
palpita e explode
punhos de pólvora
e pânico, no ar.
Viadutos e vozes
avançam
viagens sem volta
visões e impressões
velozes no vídeo:
imagens veladas
invadem o vazio
das TVs, vetadas
onde as faces se fazem
de um só feitio.
O mesmo disfarce
farsa, o fac-símile
de caras anônimas:
mensagens sem nome
e siglas – SOS – S.A.

Ou em "Capital Federal":

A planta no plano
avança na ampla
pauta do espaço:
apalpa, planalto.

Brotam do barro
bruto da brenha
casas e queixas
no caos de breu.

As pedras se apuram
em prédios: *maquette*
imaculada *maquillage*
de cal e de mármore.

     No lixo e na lama
     o novelo da vida:
     as linhas do luto
     os lanhos da luta.

Trevos de asfalto
e fôlego, trançados
trajetos traçados
sem trégua, à régua.

     Tendas de toldos
     rotos, as ruas
     se rasgam tortas
     na terra puída.

Palácios de papel
almaço:
lua de cartolina
lago de celofane.

     O povo se empilha
     em casas capengas
     em choças de palha
     esgarçada, palhoças.

Monumento, movimento
de sol de pedra de
vento, se estampa
na página do espaço

**Borrão de barro
no branco, mancha
marcha multidão
crescendo do chão.**

Para publicar *Marca registrada*, seu livro mais político, o poeta teve que se autocensurar, eliminando oito poemas. Assim como *Dual*, *Marca registrada* já traz características da Instauração Práxis, movimento coordenado por Mário Chamie do qual Armando participou inclusive assinando os manifestos *Plataforma 1* e *Plataforma 2*, publicados no Suplemento Literário do *O Estado de S. Paulo*.

Colocando-se em frontal oposição à submissão ao "mito literário" e à "alienação do autor", práticas do Concretismo (o movimento de vanguarda mais prestigioso daquela época), Mário Chamie lança o ousado projeto do poema-práxis, que pretendia ser um "produto que produz", adequado a uma arte vista como "objeto e argumento de uso", um "instrumento que constrói". O projeto da Instauração Práxis esperava que, no futuro, com as transformações revolucionárias da sociedade, a literatura-práxis se instalasse definitivamente, "abolindo a história da literatura escrita e de autores".

Embora Armando não tenha formado fileiras no movimento Práxis, é fácil perceber porque optou por ele: aquele era um momento em que se escolhia entre o Concretismo – de Augusto de Campos, Haroldo de Campos e Décio Pignatari, e cujo projeto era responder, por meio da criação do "poema objeto em si mesmo", aos novos tempos, nos quais imperava o horizonte técnico da sociedade industrial, com seus padrões da comunicação não verbal – a Poesia Processo –, que, investindo nas sugestões visuais e não discursivas do Concretismo, pretendia radicalizar a leitura processual da arte de consumo –, e a Vanguarda Práxis.

No que diz respeito ao conjunto da obra de Armando Freitas Filho, podemos considerar *Palavra* (1963), *Dual* (1966) e *Marca registrada* (1970) seus livros de formação.

Já *De corpo presente*, lançado em 1975, começa a revelar certas mudanças. É um livro diretamente extraído de experiências pessoais e que procura articular, de forma mais clara, vida e poesia; trata-se de um projeto que talvez responda, à sua maneira, à poesia alternativa jovem dessa década, a chamada poesia marginal, que propunha, em fina sintonia com a contracultura, uma poesia mais comportamental, apostando na oralidade, na informalidade, e, como diziam, sendo até mesmo "descartável". Esse não era obviamente o partido estético de nosso poeta. Mas alguma variável dessa poesia que sugeria uma maior articulação, senão identificação, entre vida e arte ecoa em *De corpo presente*, ainda que privilegiando o trabalho artesanal de alta precisão, característica estrutural da poesia de Armando Freitas Filho. Tanto o título quanto a capa (de Cildo Meireles, com o desenho de um corpo nu cercado de impressões digitais) denunciam essa nova tomada de posição. O poema "Sensorial" já aponta certas mudanças:

> *Apalpo*
> a vida ou o seu vestígio:
> mapa de nervos na palma
> da pele onde cego eu pego
> a minha mão que avança.
>
> *Sinto*
> em cada veia uma viagem:
> vou – vário – multiface
> longe de mim e esparso
> no outro eu que sou e voo.
>
> *Vejo*
> você, vertigem, seus fios
> feitos de queda e vidro
> seu vazado corpo de arame
> vento, de cacos do vazio.
> [...]

De corpo presente, portanto, pode ser considerado um livro de transição em direção ao livro seguinte, *À mão livre* (1979), que vai, de certa forma, consolidar os caminhos da atual poética de Armando Freitas Filho. Sobre a escrita dessa obra, que – como também sugere o título – é escrita de forma mais solta, mais anotada, mais erotizada, o poeta revela: desde *À mão livre*, "sou um repórter de mim mesmo".

> Que existência é essa
> que avança e pergunta
> a cada linha
> de vida conseguida?

> O que faço ali
> vestido de outro
> ao contrário de mim
> pois o coração
> bate sob a pele da camisa
> no lado oposto do meu?

pergunta em "Mr. Interlúdio".

Outro traço marcante de *À mão livre* é a articulação entre a experiência vivida e a militância política. Um de seus melhores poemas é, sem dúvida, "Corpo de delito", poema político longo, no qual a possibilidade de algum proselitismo (muito comum na poesia explicitamente engajada da época) é neutralizada pela via da subjetividade – que aqui se faz coletiva –, o *momentum* dramático de sua escrita. Em sua primeira estrofe o poema já traz todo o *ethos* que marcou de forma indelével sua geração:

> Escuta o rumor nas margens plácidas
> feitas de lama, sangue e memória.
> Escuta o brado retumbante
> na garganta do túnel.
> Por entre as grades do grito
> o céu da liberdade viaja
> e o sol, sem Pátria, se espalha
> nesse instante, no cimento.

É ainda sintomático que *À mão livre* tenha sido seu primeiro livro a ser editado por uma editora comercial, a Nova Fronteira, diferentemente dos quatro anteriores, todos editados, de forma independente, pelo próprio autor.

Em 1982, lança *longa vida*, na realidade, a tessitura de vários poemas num só, expressivo e longo. Os poemas se encadeiam sobre um de seus temas mais recorrentes: a escrita e suas implicações existenciais. Talvez seja seu livro mais alegre, mais feliz:

> Escrevo
>   só
> em último caso
> ou como quem alcança
> o último carro
> como quem
>   por um triz
> por um fio
>   não fica
> no fim da linha
> de uma estação sem flores
>   a ver navios.
>
> [...]
>
> foguete, flash de palavras
> e páginas
>   volantes
> virando velozes
>   aerofólios
> gaivotas de papel
> voando sua breve vida
> em todos os sentidos.
> Viagens hors-texte
> para longe de mim

Em 1985, sai *3x4*, um livro feito de cem poemas curtos e escrito a partir de 1981, ou seja, antes mesmo do lançamento de *longa vida*.

3x4 é novamente um certo confronto com a epidemia de poemas-minuto que os poetas marginais tinham posto na ordem do dia. Um dos procedimentos mais comuns e buscados pela poesia marginal é a prática do poema curto coloquial, com recortes da realidade imediata ou comentários, frases e diálogos "ouvidos ao acaso". Acreditavam os marginais que, se a realidade fosse flagrada numa poesia "rápida e rasteira", em estado bruto, sem grandes intermediações de uma linguagem mais trabalhada, a arte poderia tornar-se a própria vida. Não deve ser pura coincidência que a capa de Rubens Gerchman para *3x4* aprende e traduz, com mestria, esse voltar-se sobre a vida flagrado em pequenos momentos, através da pintura do retrato do autor, de perfil, vazado na transparência do guache.

Armando, que *quase* pertencia a essa geração marginal, dela se diferenciava por não abrir mão de seu pacto com o trabalho formal com a palavra. Mas assim mesmo, sua poética, talvez pela proximidade geracional e mesmo afetiva com os marginais, dialogava frequentemente com seus contemporâneos.

Um bom exemplo é o belíssimo poema que se segue, o qual, de certa forma, acompanha a lógica do poema curto marginal, desenhando uma paisagem e nela se inserindo sem cerimônia :

        O lago degolado
        rente às margens.
        Nada aqui
                transborda

> nenhum céu se derrama
> para fora da garganta
> desse olhar que arregala
> e cai por terra.

O poeta investe pesado na criação de poemas em formato de uma foto 3x4, testando continuamente a possibilidade da construção de uma linguagem de alta densidade neste formato.

E *3x4*, em seu conjunto, consegue essa façanha: são poemas relativamente curtos mas, ao mesmo tempo, compõem um livro forte, extremamente lírico e simultaneamente fácil de ser lido. Como diz o autor: "Trata-se de um livro sem encrenca." Pelo menos é o que ele diz, porque a "encrenca", mesmo relativizada como aqui, continua a fasciná-lo como escritor e pessoa.

Em 1986, *3x4* ganha o Prêmio Jabuti.

A busca de uma maior facilidade de leitura dura pouco. Em 1988, com a publicação de *De cor*, retoma o caminho dos problemas, dos impasses, abandonado provisoriamente em *3x4*. Ressalte-se a morte precoce de Ana Cristina César, grande amiga sua, fato que se reflete em cheio nesse livro.

Vários poemas (quase todos contidos nesta seleção) refletem direta ou indiretamente essa morte que chocou toda uma geração. "Na área dos fundos" é onde literalmente essa perda é descrita:

> Você não para de cair
> fugindo
> por entre os dedos de todos:
> água de mina
> resvalando pelas pedras.

Nunca
nenhum poema acaba
a não ser com um tranco
com um corte brusco
de luz.
As janelas daqui não choram
como nos filmes
com seu clichê de vidraças
feito de chuva e lágrimas
que o estúdio e o destino
encomendam
aos deuses de passagem.
De costas é melhor
para não perder de vista
nem por um segundo
nenhum sentido
do que estava escrito
nem quando, no chão
seu corpo
a céu aberto!

O impacto do suicídio de Ana Cristina torna *De cor* um livro perigoso, que fala sobre a condição da morte de forma explícita, recorrente, subjacente. A linguagem perde significativamente sua fluência. Volta a ficar cortada, cortante, sincopada. *De cor*, em inglês *by heart* (de coração), traduz com precisão este momento do autor. Daí em diante a presença da morte vai se tornando mais e mais central na obra de Armando. A brevidade da vida, a perplexidade diante do tempo, a vigília constante e necessária compõem um *ethos* que será aprofundado nas obras seguintes.

Isso pode ser observado em *Cabeça de homem*, publicado em 1991, três anos depois. O poema "Pai", um dos mais belos desse livro, reconduz o tema da morte com força total:

> Me arranco do seu espelho
> gago até a medula
> e paro
> sob o peso de uma dose
> subclávio, para cavalo
> com nossa vida inteira
> exposta a tudo.
> A campainha agulha
> bate, nas paredes vazias
> sem ramal
> sem rumo algum.
>
> "Eu vou doer/eu estou doendo"
> e o pensamento ferido
> prefere acelerar
> para não parar na dor
> e toma velocidade
> a anestesia
> da mesma paisagem
> do dia aberto e igual
> sem horas.
> Louco tempo depois
> logo após as lágrimas
> começa o deserto.

Cabeça de homem é um livro duro, severo, cinza-chumbo. E recupera o ritmo metralhadora – falhando o tiro. É um livro que tem violência nos textos e subtextos, que trata seus temas de maneira brusca. Do ponto de vista do autor, o título *Cabeça de homem* sugere a ideia de um movimento bruto, inacabado. Sintomaticamente, é seu único livro com poucas alterações ou mesmo poucas revisões, publicado quase no estado de um primeiro rascunho. Tanto *De cor* quanto *Cabeça de homem* são livros cortados com tesoura grossa, com faca cega. Fruto de um esforço explícito de manter a matéria-prima em sua força original. Explica melhor o poeta: "Escrever só para me livrar / de escrever./ Escrever sem ver, com riscos / sentindo falta dos acompanhamentos".

Já *Números anônimos* recoloca em pauta a questão do tempo, da passagem do tempo, questão claramente correlata à anterior, a morte, mas de um novo prisma: o prisma da vida.

Se *De cor* é trabalhado sob o impacto de uma morte precoce, *Números anônimos* é devedor da alegria e da ansiedade de um nascimento tardio. Um dos vários poemas dedicados a Carlos, seu segundo filho, mostra a intensidade desse sentimento:

> Músculo, mas do coração.
> A felicidade é indefensável
> e esta casa está tão delicada
> até nos pregos
> construída e definitiva.
> Pratos, copos, toda a louça
> e o que é de vidro, vive
> plenamente – brilha
> sem medo do esplendor.

O poeta, pai novamente aos 51 anos, experimenta ao lado de intensa alegria o sentido da precariedade da duração de uma vida. É um livro preocupado com sua história pessoal tecida com fios de forte lirismo, com a história coletiva em sentido amplo e ontológico.

Esse procedimento é bastante visível em seu próximo livro, *Duplo cego*, que neutraliza um pouco o exagero da contundência, do corte abrupto, mas mantém esse registro de contrarreflexos entre a vida pessoal e a vida coletiva. Um bom exemplo é o poema "Grão":

> Toco, instante, início
> talvez de uma árvore
> que não foi em frente.
> Alguma coisa deste lado
> insiste, mesmo sem ramais
> em sentir o que se passa
> no outro
> onde cresceu e floriu o rio.
> Mas não consegue ouvir tudo
> nem ver claro
> o que raspa e invade o campo de força
> se é não ou sim, se são leões
> arremessando contra a presa
> ou atividade de índole diversa
> sem precisão de imagens
> e de trilha sonora – algo alusivo
> iludido, oblíquo, contra a parede:
> algo de alma, ímã e ruína.

Como os títulos dos livros de Armando Freitas Filho são elementos estruturais em cada uma de suas obras, percebo como é importante "traduzir" de certa forma o significado de cada um desses títulos. Neste caso, esclareço que o sentido dicionarizado por Armando da expressão *duplo cego* é: "Adj. Relativo ao teste no qual a composição da droga aplicada, inerte ou não, é desconhecida tanto por quem a recebe quanto por quem a administra.".

À medida que escrevo esta introdução, vou me dando conta de uma peculiaridade da poética de Armando que eu ainda não havia percebido. A leitura focada de cada um de seus livros na sequência de sua produção, como estou apresentando aqui, termina revelando que, além da presença bastante incisiva de contextos pessoais e/ou históricos como elemento subliminar, oculto em cada uma delas, seus livros parecem, cada um à sua maneira, comprometidos com um desafio de exercício e invenção formal diferenciados. Como se para ele escrever fosse uma corrida de obstáculos vencida a cada obra. E é a isso que atribuo o apuro formal de seu conjunto de obras. Um esforço concentrado a cada verso, um trabalho crítico a cada poema, uma conquista específica de linguagem a cada livro.

Fio terra, por exemplo, se apresenta como um poema diário que, entretanto, não se configura tal qual um diário pessoal e sim como o diário do poema. O livro é um poema longo, escrito em três meses. Um poema sobre a circunstância, sobre *como* escrever e, principalmente, de que modo *aquela* obra está sendo escrita. Como "A mão que escreve na ventania/ não acompanha mais o que é descrito". Como, para uma voz feita à mão, "Não se escreve aos gritos / mesmo quando se usa caixa-alta/grifo, ou se sublinha com a luz/ de outra cor, o que quer sublevar." Como "Às vezes escreve-se a cavalo/ Arremetendo, com toda a carga."

Talvez eu esteja exagerando, mas, por algum motivo, sinto necessidade de trazer mais exemplos dessa poética que é um dos momentos mais emergentes da poesia de Armando Freitas Filho. Permito-me, então, o exagero e trago mais alguns fragmentos de *Fio terra*:

> Mas o que consegue ser escrito
> na linha que a luz abre
> não é tudo nem bastante.
> O que ficou atrás, no escuro
> do rascunho, cego e rasurado
> não para de irradiar – segreda
> em código na entrelinha, o que só
> passa através de frestas:
> sussurro, perigo, perfume.
>
> [...]
>
>
> Escrever, apontando o lápis
> direto ao objeto imaginado.
> No começo, rombudo, cabeça
> de obus – pronto para
> a necessária explosão
> a rasura, o traço grosso
> do primeiro rascunho
> ou do que requer o assunto.
>
> [...]
>
> Morder a mesa porque não consigo.
> O coração bate descalço e os óculos

embaçam. Viajo sentindo, sem ver
ao certo, o que passa além da janela.

Se posso entrar assim, abrupta, como pessoa física, num texto de introdução que deveria ser objetivo, confesso o que já deve estar claro: a minha predileção por esse livro, autenticamente teórico mas ao mesmo tempo subjetivo e lírico, modulado em vários tons e registros, produzindo um quase-tratado sobre sua poética e sobre a arte de escrever de forma mais abrangente. Essa preocupação, que aparece com fisionomia própria e força total em *Fio terra*, na realidade, está dispersa ao longo de toda sua obra, incluindo-se aí sua estreia com *Palavra*, cujo nome, precocemente, sinaliza os caminhos de sua poesia.

Armando se diz um poeta difícil e, no caso dele, essa suposta dificuldade vem de uma enorme generosidade poética em expor, de forma insistente, a grande responsabilidade implícita no trabalho com a palavra, em discutir em cena aberta os processos de sua prática, a complexa construção de seu gesto exato, do ritmo preciso, limpo, de uma prática original na qual a linguagem é seu principal personagem.

Arrisco-me até a dizer que é com a lucidez de seu trabalho agudo e quase obsessivo com a palavra que o poeta consegue enfrentar o tema do tempo e da morte, não menos importante em sua obra.

Nesse sentido, *Numeral/Nominal*, publicado em 2003, comprova minha impressão, radicalizando, por meio do discurso poético, sua visceral preocupação com o tempo, com a morte: é um desejo de "dar a ver sem ter à vista/ e à mão, a coisa em si/ com sua tensão e tessitura".

A partir desse livro, o poeta dá início a um projeto poético, com o perdão da palavra, diabólico. *Numeral*, uma parte que vai se repetir a cada livro que se seguirá em sua obra posterior, significa o propósito de dar um número a cada poema escrito daquele momento em diante. Aqui, nesse livro inicial, são 31 números, 31 poemas. É uma espécie de diário não analógico, mas digital, de idas e vindas, rememorações, reiterações, voltas, reconsiderações. Esse "pacto" pretende acompanhar todos os seus próximos livros. Ao serem numerados sequencialmente, os poemas "dão a ver sem ter à vista" a tensão e a tessitura da morte, não apenas no campo da retórica, mas no próprio dia a dia do poeta e seus leitores. Alguma angústia, na certa uma grande e ansiosa expectativa, nessa corajosa (ou amedrontada?) contagem regressiva para a morte. A pergunta que o leitor (e seguramente também o poeta) não consegue calar é: "em que número a morte colocará seu ponto-final neste poema que se pretende infinito?".

Essa estratégia prossegue em *Raro mar*, seu livro mais recente. *Raro mar* traz uma circunstância especial: depois de 24 anos sendo publicado pela editora Nova Fronteira, o autor lança seu novo livro pela Cia. das Letras. Talvez essa mudança de casa editorial tenha influenciado um pouco a sua produção. Ainda mais do que os livros anteriores, o trabalho minucioso de construção poética é feito de uma maneira primorosa. Segundo o autor, sua intenção em *Raro mar* era a de "escrever um livro blindado, sob controle, como se estivesse fazendo ginástica e houvesse feito um livro de poemas sarados, fortes, que não se pode dizer: *este não*.". O poema "Outra receita" reitera suas palavras:

Da linguagem, o que flutua
ao contrário do feijão à João
é o que se quer aqui, escrevível:
o conserto das palavras, não só
o resultado final da oficina
mas o ruído discreto e breve
o rumor de rosca, a relojoaria
do dia e do sentido se fazendo
sem hora para acabar, interminável
sem acalmar a mesa, sem o clic
final, onde se admite tudo –
o eco, o feno, a palha, o leve –
até para efeito de contraste
para fazer do peso – pesadelo.
E em vez de pedra quebra-dente
para manter a atenção de quem lê
como isca, como risco, a ameaça
do que está no ar, iminente.

O enganoso aqui é o título do poema, como se essa receita fosse "outra" e não viesse sendo observada tal e qual desde o primeiro verso de *Palavra*, aos vinte anos, já à procura, como diz, de "encrenca" poética, a busca daquilo que chama de "dificuldade" mas que, na realidade, é a percepção finíssima dos processos de construção de uma poética de extraordinária beleza e precisão que já o colocou, de forma definitiva, na primeira linha de poetas da história da literatura brasileira contemporânea.

Heloisa Buarque de Hollanda

POEMAS

PALAVRA
(1963)

DOIS MOVIMENTOS DE PEDRA

1

A pedra treva
(fera imóvel)
dorme seu sono
informe.

A pedra aguarda
seu brusco impulso
em difusa espera
de matéria e sombra.

2

A pedra alvor
ganha ímpeto
se distancia
(corpo escalando ar).

A estrutura
fura o espaço
em livre salto
e se empenha em forma.

CORPO

Acrobata enredado
em clausura de pele
sem nenhuma ruptura
para onde me leva
sua estrutura?

Doce máquina
com engrenagem de músculo
suspiro e rangido
o espaço devora
seu movimento
(braços e pernas
sem explosão).

Engenho de febre
sono e lembrança
que arma
e desarma minha morte
em armadura de treva.

NOTURNO

O sono retém meu corpo
que segue
              de vidro
sua rota aeronáutica.

Braço confuso
de músculo difuso
pele noturna
sem trama diurna
a carne se parte
presa na fronha
              e sonha:

estilhaço de sol
              risca
na retina apagada
              faísca
batendo em água surpresa
              acesa

espanto

barranco de pano branco
              tranco
à beira do abismo
que o escuro repete.

CIRURGIA

Na mesa
o gato
aguarda
o cirurgião

que o vira
pelo avesso
e encontra
em vez de pelo

cacto
(mesmo gato
noutro ato)
não tão exato

pois arranha
a mão
antes limpa
como um clarão.

PROJETO

Jardineiro e engenheiro
ligados por linha
e rima

operam
em dois espaços:
um risca a planta
no terraço

outro
a planta
no mormaço

esta, largada
aquela: milimetrada.

DUAL
(1966)

FLASH

Repente
a mente
  sente
a árvore
  desde
a semente

  sente

mão vegetal
em tenra parede
fremente

braço animal
contraído
porão mineral
ruído

   mental

folhafalhafolha
f a r f a l h a
vento – navalha

contra o cimento

meu pensamento

RECANTO

Rente o vento
traça a casa
na argamassa

traça

o vento, varanda
fachada
com sua queda
calculada

fechada

artéria
na matéria
exprime esta janela
em silêncio: açude

no cimento

marasmo
após espasmo
o tempo – autômato
autônomo, ao relento.

RESSONAR

para Cassiano Ricardo

A noite arquiteta
um teto, uma casa

pensa uma porta
repensa um portão

e planta parede
e tranca o jardim

seu sonho de nervos
entranhado no muro.

Verde sono: calado
coagulado sangue

cerâmica – absorto
vaso sem veia

sem pulso, esbatido
absorvido arbusto

embuçado esboço
embaçado, embutido

estojo, lavrado
lacrado no escuro.

CORPORAL

1

Vivo o corpo
escapa:
súbito cresce
estala.

Talo
articula braço
alinhava músculo
talho.

Gráfico
sob a pele
segue o sangue
cego, modela.

Martelo
modula contato
tépido tecido
medula.

Lenta
latente
planta de carne
espalmada, dormente.

2

Surdo esforço
repetido corpo
lateja: nítida
a febre crispa

a carne, freme
frêmito
planta sem pausa
pulsa

esparso animal
espalha
espanto esbate
espasmo

desata a vida
vívido fio
lívido córrego
corre

branco, visceral
arranco
expele – mecha
fluxo flecha.

3

Morto o corpo
estanca
espessa cortina
parede branca.

Porosa
absorve a vida
calcada planta
subjetiva.

Roda rouca
circuito círculo
carretel: seu fio
falha, findo.

Ciclo, síncope
síntese
vereda inerte
vórtice vértice.

Vertigem, mó
amortecida imagem
moagem, nódulo
novelo, nó.

MARCA REGISTRADA
(1970)

ENTRETEMPO

O tempo estende
um trem? No espaço
o instante estampa
pressa e passos.

Lance de escadas:
degrau a degrau
leque se abrindo
de grau em grau.

Teia de prováveis
trânsitos – traços
de giz atravessam
através: pássaros?

Impressos no espaço
sem pauta, escapam
sem o pouso da linha
sem a pausa, passam.

Filmes, fragmentos
nas folhas do vento
nas falhas do tempo
flagrantes e flashes

num átimo! O íntimo
instantâneo do instante
seus momentos atônitos
seus átomos: milminutos

... se escoam céleres
nos teclados da água
em que o tempo tenta
trêmulo o seu toque:

sequência de sílabas
que seguem, segundos
cegos/ciclos/circuitos
concêntricos: círculos.

VIDA APERTADA

Em transe a cidade
acorda, trepida
o tráfego na rua
crescem os prédios.

Gestos de pedra
a pino impressos
no espaço: planos
pavimentos fixos.

Pulsam as avenidas
escoa a circulação
artéria de asfalto
palpitando no chão.

O povo se aperta
na prensa da pressa:
a vida espremida
se esvai, no ar.

Curvas que correm
rampas sem rumo
retas sem ritmo
as ruas se rompem

na flexão do cimento
e lança a ladeira
que avança em lajes
lentas: sem fôlego

o povo no impasse
não passa da porta.
Estanca esfalfado
seu fluxo e sufoca.

Tensão nas tocas
estanques – tantas
trancas e trevas
nas casas de todos:

pressão.

GIACOMETTI

A mão na massa
molda as mossas
amassa e puxa
a matéria muda
Esboça no barro
bustos em bruto
que buscam o bronze
e brotam blocos
de formas e figuras
estendidas e tesas:
tensão de fibras
esticadas, e já estática
a estátua enruga
a pele de pedra
dos corpos crespos
e crus de concreto.
Se crispam ácidas
as caras escalavradas.
Imagens imóveis
vistas do avesso:
vertigem vestida
vincada de veias.
Glândulas, nódulos
os nós dos ossos
grânulos no corpo
gânglios, grãos.

SOCIEDADE ANÔNIMA

pensando em George Orwell

Perfil de pedra
no espaço o prédio
se arremessa e cresce.
Plantados impulsos
na rua, passeatas
expressas na praça.
Pressões e prisões
pessoas perdidas
protestam, o povo
pulsa no asfalto:
pop – população
palpita e explode
punhos de pólvora
e pânico, no ar.
Viadutos e vozes
avançam
viagens sem volta
visões e impressões
velozes no vídeo:
imagens veladas
invadem o vazio
das TVs, vetadas
onde as faces se fazem
de um só feitio.

O mesmo disfarce
farsa, o fac-símile
de caras anônimas:
mensagens sem nome
e siglas – SOS – S.A.

CAPITAL FEDERAL

A planta no plano
avança na ampla
pauta do espaço:
apalpa, planalto.

        Brotam do barro
        bruto da brenha
        casas e queixas
        no caos de breu.

As pedras se apuram
em prédios: *maquette*
imaculada *maquillage*
de cal e de mármore.

        No lixo e na lama
        o novelo da vida:
        as linhas do luto
        os lanhos da luta.

Trevos de asfalto
e fôlego, trançados
trajetos traçados
sem trégua, à régua.

> **Tendas de toldos
> rotos, as ruas
> se rasgam tortas
> na terra puída.**

Palácios de papel
almaço:
lua de cartolina
lago de celofane.

> **O povo se empilha
> em casas capengas
> em choças de palha
> esgarçada, palhoças.**

Monumento, movimento
de sol de pedra de
vento, se estampa
na página do espaço.

> **Borrão de barro
> no branco, mancha
> marcha multidão
> crescendo do chão.**

DE CORPO PRESENTE
(1975)

CINCO SENTIDOS

1

No meu olhar o recorte
da sua figura – sinal:
o afiado gume do corpo
e da linha que o desenha

lento, em cada tempo
do movimento, sinto
em cada vento, tênue
o móbile de sua presença.

2

E cheiro em cheio a soma
do suor do sal, do açúcar
desse perfume que acentua
a imagem nua na lembrança

e sigo o rumo do aroma
que respiro na escura
câmara dos sentidos
onde procuro sua fuga

3

quando, garra, minha mão
apalpa o chão do nada
ou os muros de pele
do corpo que persigo?

Sob a teia do meu tato
sob a veia do meu pulso
sob o impulso da memória
seguro areia ou figura?

4

E mordo, mastigo e chupo
do centro do cerne da carne
do seu avesso onde mergulho
e bebo o beijo e o gosto

íntimo, nítido e último
do imo da alma do âmago
do corpo que se desmancha
no espaço da minha boca.

5

E escapa: mancha de som
esparso na qual o ouvido
capta o espasmo, o passo
da vida, a letra da voz

que se inscreve no sulco
no resgate do sangue: degrau
sob os panos e sob os sustos
do sono escuto seu nome.

TEXTO

De cor eu sei o meu corpo
e a sua nua roupa de carne
tão exata – luva de pele
gesto-agulha que se costura

com as tintas linhas do sangue:
tantas, contidas em si, em tons
agudos que descobrem o som da cor
e o salto-susto de cada pulso.

De cada passo do tempo que tece
de poro a poro / ponto por ponto
na teia do instante, nas veias
o vínculo da vida e seu intervalo:

laços de sono, vão, letras de lã
no espaço das páginas de areia:
folhas de vento e fuga, ruga
e grão, degrau de sonho e de não.

De cor eu sei (sempre) o meu corpo:
malha que me veste na camisa de força
da sua nudez – jaula, grades, capuz
de pele e esperma, mudo vulto envolto

na textura de sua própria epiderme
sem furos, de onde eu não escapo:
muros de mim, catapulta que espera
a bala do acaso que a morte dispara.

SENSORIAL

Apalpo

a vida ou o seu vestígio:
mapa de nervos na palma
da pele onde cego eu pego
a minha mão que avança.

Sinto

em cada veia uma viagem:
vou – vário – multiface
longe de mim e esparso
no outro eu que sou e voo.

Vejo

você, vertigem, seus fios
feitos de queda e vidro
seu vazado corpo de arame
vento, de cacos do vazio.

Mordo

o amor que me amarra e morde:
ardo – verão em mim – o sol
que crava a bandeira da manhã
em tarde aberta em minha carne.

Respiro

aqui, presença enfim, descubro
por dentro, um desenho a carvão
do meu silêncio – noite-pássaro
do espaço, pousada em nada.

Morro

acima de mim, degraus de sal
onde caio e ralo e solto
meu corpo sem o esmalte da pele
sem poros: um saldo de ossos.

DUAS NOTAS

Os passos da linguagem
no corredor da fala:
esta palavra que suspiro
e não digo: granada de silêncio
entre os dentes, corcel de vozes
galope, impulso, carga
percurso que não se cumpre
e, por dentro, deflagra um mudo
curto-circuito, uma suíte nua
e elétrica, sem pauta nem pausa.

Escrevo o silêncio com a tinta
branca do invisível: aqui está
o que não falo e o que medo
cala: cada letra ou as estrelas
imaginárias sonhando nas entrelinhas.
O que não consigo e persigo
o que persiste, tateia e segue
seu curso – do ápice ao colapso –
o vário fragmento, tudo o que penso
pousa em mim, e me vence.

CIDADE GRÁFICA

1º risco Ríspida cidade esgarça
a lã da manhã e traça

a custo sua paisagem
brusco mover de laje

e desenha, em rígido esboço
o cerne de cimento e osso

do corpo que no espaço
combina semente e aço.

Cidade que antes era
oculta raiz na terra

levanta sua planta, espanta
o sono desta folhagem

firmando no chão, na aragem
músculo, viga, imagem.

2º *risco*   Sol no salto sobre o muro
abre a pálpebra do breu:

fresta entre pedras
a pele conjuga o corpo

o pé apalpa e pisa
o papel e o asfalto

onde rubro e surdo e susto
o tráfego irrompe, súbito

sôfrego em cada artéria:
corrente de sangue range

e bate o múltiplo coração
urdindo no ar o dia, diástole

fole de fogo e pulmão:
na carne: sístole, ação.

3º *risco*   A noite trança e tece
sua tranca ou barra

que o sono arma:
barro aterrando fonte

sonho escondido monte
esbarrando pelo horizonte.

Noite feito uma chave
fechada na fechadura

desfeito corpo sem braços
deitado entre armaduras

a treva levanta parede
sem brechas nem aberturas

noite muro noite pele
tijolos, sede, estruturas.

COMUNICAÇÕES

Eu falo de mim – daqui –
desta central
pelo microfone do corpo
por esse fio que vem do fundo
eu me irradio

assim, numa transmissão de
sustos e rangidos
veia e voz, ao vivo, sob tanto
sangue: pantera escarlate
que passa e pisa

e se espatifa nesse chão
pata de lacre
grito, pingo sobre o alvo
tão tátil da minha carne
nos panos

repentinos do meu espanto
nas janelas
onde me debruço sucessivo
e vário, sequência de mim
em fotonovelas

me desdobro – quadro por quadro
nos desenhos
de dentro do que sou e projeto

aos poucos, plano e pausa
para fora

com a vida que me veste
pelo avesso:
filmes de sêmen onde publico
figuras de suor e celuloide
numa lâmina

de velocidade e de lembrança
em fotogramas
de esperas e procuras – falha
folha de slides-células, sopro
e pulso

página de pele em que escrevo
o uso
a articulada letra do meu gesto
o rascunho de unhas e rasuras
feito à unha

nas nuas marcas do meu corpo
no espaço
e nos lençóis da claridade
monograma, silhueta, cadência
e a fala

que se imprime nesta fita
neste sulco
a linguagem como um fim
a linguagem por um fio
e a morte em morse.

AUTORRETRATO

No papel fino do espaço
a minha figura pousa
seus traços e braços:
pedaços, quebra-cabeça

armando as suas peças
partes, pedras e passos:
a cada gesto o contato
tão tátil de fragmentos

que os dedos do acaso
adaptam, múltiplos
com seus vários perfis
contrários, numa soma

de avessos e retalhos
e a imagem sob a pele
é alinhavada: andaimes
de cartas, o castelo

embaralhado pelo vento
que sacode flâmulas
de naipes inventados:
construção de dados

com seus inúmeros
números, lados, ludus
o encontro de cubos
neste espelho de papel

onde o puzzle do corpo
uma armadura de lacunas
em tempo de pressa e perda
armou seus erros e hiatos.

COPIÃO

para Agá

Cena que desdobro e imagino:
filme de cortes, talhos e navalha.
À margem da imagem, como um cego
eu descubro a paisagem com meu palmo.
O espelho do outro corpo – escuro e tato –
refletindo o liso da sua pele.
O fantasma de feltro e afago
que não vi, mas recorto de mim
o seu feitio: figura de carne
onde me disfarço, sem face, e avanço:
passo e capa, de capuz e máscara
o outro eu caminha ou sou eu mesmo apagado?
Estou, estamos, e por dentro de você
eu vou, vamos, sem asas, aos rastros
desprovidos de lembranças, sem marcas
ou nomes: somos feitos de apenas fome
e nossas mãos de luva não deixam traço
nosso coração nenhum não ocupa
o espaço de cada espasmo, nem a pausa
terna e tenra, entreaberta, do abraço
tão pleno de suas pernas: o fofo e o gozo
a pena e a paina, e mais o grito
que seguro e vai cortando – lâmina de lágrimas
em mim, o que se imprime é o seu murmúrio
e a marcha dessa respiração desconhecida.

Estou disperso, nu e espatifado
meu sangue é feito só de sombra
e mancha esse cenário que não vejo
mas que sua voz me traz: paredes
piso, móveis, os corpos de papel
rasgados pelo amor, detidos
para sempre, no avesso de todo gesto meu
e na coroa de espinhos da memória.

À MÃO LIVRE
(1979)

MR. INTERLÚDIO

Quem sou você
que me responde
do outro lado de mim?
Quem é que passa
invisível
pelo espaço da sala
e vai
do meu corpo
a este outro
em emulsão ou emoção
    instantânea
feito como eu mesmo
de repente
    em noite antiga
e não perde
nessa viagem
o tempo que perdi
e, no entanto
os dias que me fizeram
estão ali
correndo em suas veias?

Entre mim e você
que sou eu
    simultâneo
quem sou?
    O que se fez

enfim, nesse intervalo
onde minhas coisas todas
pousam
na poeira do silêncio
o segredo de sua carga?
Aqui estão os achados
e os perdidos
o que guardo ou abandono
os vários ecos descobertos
as minhas sombras
que vou deixando
como roupas apagadas
que despi
meus fantasmas de pano
                e luto
e me debato
nas paredes
                pelo quarto
tão fechado e escondido
como o caderno de rascunho
feito de papel e de memória.

E nunca estou onde procuro
e mesmo agora
o que encontro mais de meu
é apenas
o relógio que marcha
e marca a hora
fora do meu pulso
é a fumaça do cigarro
que permanece se movendo
é o lugar
            que pouco antes

minha cabeça
        (ou foi meu sonho)
ocupou no travesseiro.

E o vento
não mais hesita na janela
e entra
        casa adentro
no acaso do seu voo
e bate as asas
no corredor
        e bate
a porta
        até então
entreaberta.

Quem sou você
        afinal
que me repete
do lado de fora de mim?
Quando me voltei?
Como andei até aí
sem desgaste
sem me ver
e agora me vejo daqui
de onde permaneci?

O que sou
        não sei
como me fiz
        ao longe
e não me alcanço
toda vez

             quando escapo
sem lembrança ou flagrante
e vou
e vejo em toda parte
essa vida que se ergue
interina
          e passeia
seu corpo clandestino
que é o meu
no chão de cada dia.

O que sei
         não sou
pois me esqueço
tudo o que me fez
por dentro:
tudo o que está perto
todo o avesso
tudo o que de cor
o coração repete
entre relâmpagos
e no meio de mim
eu não me escuto
               o pensamento
só persegue
o que está entre
os dois instantes
em que me percebi.

Entre os dois instantes
a distância é a mesma
da folha de um livro
para a outra que se segue:

de mim para mim
na falha desse espaço
onde só cabe
a lâmina de uma faca
o que se passa?

Que existência é essa
que avança e pergunta
a cada linha
de vida conseguida?
O que faço ali
vestido de outro
ao contrário de mim
pois o coração
bate sob a pele da camisa
no lado oposto do meu?

Como cheguei lá
se o pé não se fez passo
se o breve ar que me separa
é, somente, o de uma respiração
para outra
    que chega
e embaça
    e apaga
uma possível ponte
que a imaginação fabrica
e não sustenta
a estrutura em preto
e bruma
    que vai desmoronando
suas impossíveis pedras de algodão
nessa pausa mínima

entre mim e você
que escreve
com a mão esquerda
o que não sei
o que, com certeza, não escrevo
e nem jamais escreverei aqui?

CIDADE MARAVILHOSA

A cidade se abre como um jornal:

    flash flã flagrante

na folha que o vento leva
  no grito impresso que voa
      na voz
    com a manchete:

      LUTE NO AR

No ar
      ou no exíguo espaço
      que nos resta
      no chão
das casas
das caixas de morar
nos ônibus superlotados
nos estádios cheios
o homem que
    – todo o dia –
veste a camisa da estrela solitária
e desaparece
    – para sempre –
luta
contra o esquecimento.

Como um jornal que escreve
em cada página
a crise e o crime de toda hora
como um jornal que embrulha
o que
        diariamente
esquecemos
        como um jornal
como os espelhos perplexos
do Parque de Diversões
se fazem os quadros em flagrante
de Gerchman.

Ali estão todos
        estamos nós
em pré-estreia
        a sós
na beira do mundo
com todas as nossas caras:
a miss   o kiss elétrico
o kitsch   o clichê
o beijo borrado de Monalou
me alcança
        no banco de trás
a Moreninha
        me enlaça
na janela furta cor
que pisca,
        por de trás da paramount
o amor se acende:
        Boa Noite
Lindoneia.

Ali estão todos
na primeira página quebrada
dos espelhos:
aqui, perdido, me acho
em cada qual
        me vejo
na multidão espatifada.

Ali encontro a linha
o começo do desenho
o rascunho do meu corpo
de carvão
        superposto
na paisagem amarrotada
da cidade.

Aqui estão os rótulos
rasgados do meu rosto
as máscaras
        as marcas
as letras do meu nome
com todos os erres
com todos os erros
em garranchos
pichados no cimento
nos cartazes
e nas caligrafias de neon:

Motel de Mel Não Há Vagas
    Os Desaparecidos
    Homens Trabalhando

Na frente de todos
O Rei do Mau Gosto
  usa o seu rosto

A Stripper sem Script
  se incendeia
  sob o sol do Mangue

Assegure Sua Fartura
  no Carnê Futuro
  de Baby Doll

Aqui estamos nós
          enfim
João e Maria
feitos um para o outro
no acaso das calçadas:
neste banco nos beijamos
neste jardim nos devoramos
nesta rua nos deixaram
joão
          e maria
nos perdemos
          com a roupa do corpo
          com a casa nas costas
na floresta
          dos dias
(índios) e (indigentes)
atravessando as veredas da avenida
sob a paixão do sol.

CORPO DE DELITO

I

Escuta o rumor nas margens plácidas
feitas de lama, sangue e memória.
Escuta o brado retumbante
na garganta do túnel.
Por entre as grades do grito
o céu da liberdade viaja
e o sol, sem Pátria, se espalha
nesse instante, no cimento.

Aqui, Senhor, tememos
o braço forte que sobre os seios
se abate, sem remorso.
Aqui, no peito, os sussurros do coração
o muro de murros desabado
os urros na boca do corpo de entulho
e os erros da minha mão
que apalpa a própria morte.

Nesta cela que sonho nenhum
se escreve nas paredes
nesta sala de azulejos lívidos
um raio de dor sempre aceso
e vívido, à terra desce.
O céu é o sol desta luz

em cada nervo
e em cada um de nós
um límpido incêndio resplandece.

Daqui escuto os passos dos gigantes
pisando, impávidos, a paisagem.
Escuto a marcha dos colossos
por cima dos ossos
por cima dos mapas de mar e grama
escuto as botas dos passos
nas poças do corredor
cada vez mais próximos
dos calcanhares nus do meu futuro.

II

Sentado na cadeira do dragão
largado no berço profundo do chão
sobre o som do mar o céu fulgura
com o seu sol elétrico
que não cessa
o curto, o choque, o surto
em chamas do dia iluminado
nos porões iniciais de um Novo Mundo.

As flores que aqui gorjeiam
garridas, em suas jaulas
se agarram na beira da vida
que cisma e insiste
e continua avançando
por entre vadias várzeas e charcos
e exclama e se espanta

como a primeira palmeira brusca
que busca o espaço
no bosque de fumaça do horizonte.

Aonde está você, amor eterno
que não drapeja no vento
sua flâmula trêmula de estrelas?
Aonde o verde-louro, o céu de anil e mel
o lábaro, a labareda de pano
que o látego rasga e marca?
Aonde a glória do passado
se o presente é este furo
de bala na pele do futuro?

Mas se ergues, ainda sim
a clava forte do seu corpo
e não foge à luta
nem teme a própria morte
que avança armada até os dentes
verás os raios fúlgidos
do sol da liberdade no céu
e neste chão de terra que se ama!

LONGA VIDA
(1982)

Escrevo
        só
em último caso
ou como quem alcança
o último carro
como quem
        por um triz
por um fio
        não fica
no fim da linha
de uma estação sem flores
        a ver navios.

* * *

Escrevo
        só
ou mal-acompanhado:
ghost-writers, influenzas
musas seminuas, gênios
        deusas, adeus!
Deixem-me somente
a pena e os papéis
para as minhas novas ninfas:
a Bic, a Cross
as sem nome que passam
sem marcas
de mão em mão e se perdem:
a Pilot, com suas ligas roxas
a velha Parker

com a tinta do meu sangue
quase seco
                e a Futura.

                * * *

A mão que escreve
na mesa burocrática
não pode sonhar e
escrava, se arrasta
no deserto, ao rés do chão
através de resmas e lesmas
a léguas de qualquer relva
e só serve minutas
adendos e remendos
tudo em formato ofício
em papel-timbrado
enquanto o poema, ao longe
tenta, em cada entrelinha
levantar voo, a cabeça
como uma águia
feito uma onda.

                * * *

Concorro ou simplesmente
corro
        na maratona
atrás das 500 milhas
sem carro próprio

sob nome falso:
Alimozin ou Limousine Balas
o meteoro construído
de folhas de flandres
sem qualquer fórmula
ao sabor do vento
como por exemplo um Calder
se inventa – automóbile –
no princípio do ar
e do espaço: exploemas
fonte de plumas, fluxo
foguete, flash de palavras
e páginas
        volantes
virando velozes
        aerofólios
gaivotas de papel
voando sua breve vida
em todos os sentidos.
Viagens hors-texte
para longe de mim
além, léguas
        plenas asas:
Indianápolis, Interlagos
Florianópolis
        pássaros passageiros
no céu de Pasárgada.

* * *

Fazer um poema
à clef

           Paul?
ou o que pinta
é outro nome
quem escreve aqui
com lápis
com lapso-lazúli
e colore este colapso
comendo gato por lebre
um Heterônimo Bosch
botando a boca no mundo
fingidor, personne, persona
e o grande
Fernando "Falsário" Pessoas
que se desfazem
desfeitas pela ventania
dos disfarces
armando suas falcatruas
e um eu que é um pseudo
um psiu, um índice
onomástico
            um mar ou uma
máscara que por detrás
de si mascara
a próxima cara
de maria vai com as outras.

            * * *

Só e sem sol
            o primeiro dia
passa
entre montanhas e sonhos

acordados
              e daqui do décimo quinto
andar
         de novo
todos os mesmos passos
de sempre
         ano afora
e me seguro
para não pedir socorro
para não cair
         por dentro
para querer voar
para não querer
         daqui
para
         não ir pelos ares.

* * *

As paredes têm ouvidos
ainda
         recordam e guardam
as manchas, a impressão
dos gritos feito grades
do sangue salpicado
         das sombras
dos guardas
         ainda
não foram abertas
as janelas
         e pelas aberturas
rasgadas

o vento não passa
não sopra
o céu não corre livre
esvoaçante
em desfraldado azul
embora lá fora
é bom lembrar
noventa milhões em ação
cantaram
pra frente Brasil
pra não escutar
dos nossos corações
o susto-soluço-síncope
pois enquanto a bola
rolava
      fora das quatro linhas
o pau de arara cantava
comia o sarrafo, baixava a botina
e a cortina
sobre os Arquibaldos
os Geraldinos
          e todos juntos vamos
pra frente, pros porões
levados pelos Macários
aos pontapés, na ponta da bota
das galeras em festa
para as galés
e salve a seleção
salve-se quem puder
pois de repente
é aquela corrente
nos pés
parece que todo Brasil

deu a mão à palmatória
ligados todos nos fios, nos cabos
nos rádios, na Maricota
nos dedos-duros elétricos
na mesma emoção
e no mesmo tratamento de choque
tudo é um só coração
que bate, a todo pano
em pane, preso
entre as quatro paredes
do corpo, do quarto
sentado na cadeira do dragão
diante das tevês
o esquadrão de ouro da morte
toca a bola, manda bala
é bom no samba
é bom (principalmente) no couro
e se a Copa do Mundo
é nossa
        para sempre
como brasileiro
não há quem possa
se esquecer que fora do estádio
expulsa das arquibancadas
a torcida explodia
e vaiava
a dor de tantos gols contra
em silêncio.

        * * *

De novo
        nesta mesa

e nem parece
que as nuvens são outras
e que o tempo correu
como o sangue na veia
ou como um trem
passando em cima da ponte
rumo à colisão
    e à ferrugem.

Nem parece
que a casa resistiu
aos gastos e ratos
à poeira imóvel nos móveis
ao abandono dos quartos e salas
trancados nas muitas tardes
de domingos sucessivos
quando eu, em pensamento
subia a escada
    e a visitava
de longe, em silêncio
e pela lembrança
revia
a vida fechada a sete chaves
interrompida pela metade
aqui dentro:
a cama e o jornal
abertos
    meio copo d'água
como se eu fosse
a qualquer momento
voltar e atender
o telefone
que tocava em vão

no escuro
dar corda no relógio
retomar o fio da leitura
e do sono
comer o resto de pão
    e no entanto
a casa e o corpo guardaram
o mesmo abrir de portas
e janelas
o mesmo jeito e rangido
    apenas
do lado de fora
o jardim e as plantas
cresceram
    a paisagem é outra

3 X 4
(1985)

Na beira
com os olhos abertos
tudo se descobre
e passa
      folha a folha
como um perfume
que foge e fica
feito um fantasma
um fogo
      embora
afogado.

* * *

Arrancadas tão depressa
      pelos cabelos
pela raiz
da terra última
estas palavras são mudas
trêmulas e íntimas
e erram no ar
quase sem fôlego
buscando um voo para a voz
e qualquer vento para o pouso.

* * *

A tarde precipita sua cor
cai, no começo
      no princípio da noite
e o que ainda aqui resiste

meio fera, ao precipício
ficou na beira da taça
que não suporta mais
sequer um riso
pois todo cristal está sempre
na iminência, um minuto antes
                    de partir.

          * * *

O lago degolado
rente às margens.
Nada aqui
        transborda
nenhum céu se derrama
para fora da garganta
desse olhar que arregala
e cai por terra.

          * * *

Nuvens que navegam
a não sei quantos nós:
não, não há paisagem
guardada
        aqui dentro
cá embaixo.
Nenhum cartão-postal
do sol
derramado sobre o mar
nada
        nada aqui para lembrar.

* * *

O vento vingador
bate, a um só tempo
todas as portas da paisagem
e varre, maníaco
o mesmo chão vazio
como se visse ainda
e precisasse espantar
o que já fugiu: vultos, vestígios
um vestido vermelho
que numa sangria desatada
desamarrou todos os laços
e se derramou, sem demora
como um corpo, um copo
um pouco de vinho.

* * *

De olhos vendados
tudo, lá fora, é desperdício
toda cor desanima
e se quebra contra as rochas
enquanto eu, na borda
mergulho para dentro
– filme que volta para trás –
e meu silêncio
entredentes, com sede
bebe um copo de veludo.

* * *

Leio de um só gole
o que não sei:
as instruções de voo
o lance de degraus
no escuro
        o livro de dados
o palco sem aplausos
o lince de dígitos
disparado, não deixando
indícios, grãos, índices.
Ao azar, sobram as asas
do desastre, cenários
atos falhos, alguns planos
e o papel em branco.

* * *

1.X.82, sexta, meia-
-noite e meia, Rio, e tenho
todo tempo do mundo
para escrever isto
e ao mesmo tempo
nenhum.
Não há leitores à vista
ninguém
me pediu nada, não há
prelo esperando as letras
deste repórter de si mesmo
– urgente, à toa, atropelado –
que prepara uma edição extra

para ser lida (?) em 1985
já que na posteridade
só cabem os gritos
i.e., os gregos.

* * *

Todo céu é anônimo
embora os cartões-postais
tentem localizá-lo.
Este aqui está sobre as ondas
desenhadas, pedra por pedra
na calçada litorânea.
Um diagrama, em preto e branco
do movimento do mar defronte
como se fosse um pedaço de filme antigo:
um dia de mil novecentos e cinquenta
em Copacabana, Oceano Atlântico.

* * *

Cri é puro jazz
sempre piano
        sax
e flauta nesta pauta
onde Miró e Klee
colorem o leque de ponta a ponta
começando de leve, de improviso
com todos os tons e notas
da palheta
        mas

mais embaixo do arco
onde a cor aperta
é fera:
coxa nua na floresta
músculo e arranco
às vezes grito.

DE COR
(1988)

DEPOIS DE A. C.

Sua morte
é o recreio desta.
Ao virar uma piscina
pelo avesso, até o fim
como uma luva
para sentir, ouvir e tocar
o último concerto
de um azulejo solo
com os olhos secos
e as mãos nuas
sem água sequer para lavar
o chão de sangue pisado
o mármore do deserto
muito longe da natureza
como também este gosto
de versos-ferro
forte, na boca
e lembranças de música
alheia e casual
feita com latas e precipitação.
O que ficou
foi pedra sobre pedra
significando nada
pois o mar e as lágrimas
estão a mil milhas daqui
e o palácio do telefone
de luto fechado.

De lá, de onde você me ligava
deste lugar ladrilhado
por um só ladrilho
sobraram
suas mãos cruzadas com muito luxo
beijos na boca do infinito
e a solitária luz de um anel.

NA ÁREA DOS FUNDOS

Você não para de cair
fugindo
por entre os dedos de todos:
água de mina
resvalando pelas pedras.
Nunca
nenhum poema acaba
a não ser com um tranco
com um corte brusco
de luz.
As janelas daqui não choram
como nos filmes
com seu clichê de vidraças
feito de chuva e lágrimas
que o estúdio e o destino
encomendam
aos deuses de passagem.
De costas é melhor
para não perder de vista
nem por um segundo
nenhum sentido
do que estava escrito
nem quando, no chão
seu corpo
a céu aberto!

NUM PEDAÇO DE PAPEL

Arrebatada.
Arrasou com tudo
a natureza toda.
Não deu nem para guardar
de cabeça.
Foi como se gritasse
uma música, um tom só
curto
de um nu espatifado
que passou a vida
dependurado nos telefones:
foi fulminante
foi uma roubada.
Agora é jogar um pano
(para não ouvir mais)
em cima desta voz caída
como se faz com um atropelado.

RAVEL

Todo telefone é terrível – negro
guerrilheiro à escuta na sala
disfarçado ao lado do sofá
à espera, no gancho
sempre na véspera
com o grampo da granada
já nos dentes.
A única saída é ocupá-lo
para que não estoure
(não posso te agarrar daqui
nem pelos fios dos cabelos
pare antes que toque
e o infinito acabe).
Todo terrível é telefone – negro
à escuta
guerrilheiro à espera
ao lado do sofá
disfarçado na sala
na véspera da granada
com o grampo nos dentes fora do gancho
ocupando a única saída
para que não estoure
(não posso nem pelos cabelos
antes que acabe e toque
o infinito, te agarrar, nos fios, pare
daí).

A C.

Amor
com as luzes da casa inteira
acesas e arregaladas.
Até a lá de fora.
Para então entrar
vendo de perto, sem óculos
com as mãos e os óleos nus.

Amor
com as muitas portas abertas
completamente.
Com cada coisa funcionando
a pleno
na casa inteira ligada
nessas tomadas todas.

Amor estou sentindo tudo em torno:
você me ocupando todos os sentidos
até o topo
– que te apuram de per si –
e depois te reúnem
unânime.

Amor
só a pele, não.
Sua alma
ou o seu assunto de suma importância
e os contrastes fortes:
nome sobre o nome.

CHÃO

Força e Luz.
Ando sobre as Águas
e Esgotos. Piso em cima
do Incêndio, do Telefone
das Águas Pluviais
do Gás.
Varredura sem radar
à mão livre e cega
só encontrando Lixo
para Carga e Descarga.

CURTO, PURO, URGENTE

Quieta. Isto aqui
é cego, surdo, mudo.
Só come.
Tiro no escuro
anônimo.
Cada corpo é um beco
sem nº, saída, perdido:
não vai dar em lugar nenhum.

ROCK

Ar de matadouro. Voz bem à frente
stress e espelho no entorno.
Aqui se despe aos solavancos.
A cena é fria, muda e refratária
sem pintura.

Levo o corpo a pulso para a caça
pé embaixo, para sua boca de carne
e como anônimo, barato, duro
com a fome escalavrando
seus restos de beleza – pele e osso.

Nada de novo pode crescer daqui
a não ser prazer
que de tão forte zera tudo
gasta a borracha até a lona
tira a graxa dos corpos cobertos por amor
e por oleados negros e molhados.

CABEÇA DE HOMEM
(1991)

AR

Música de árvores.
Não a das folhas e ramos.
Mas a outra, para percussão solo.
Madeira, raízes, cascas, nós, galhos.
Tudo que pede machado, corte, pancada.
O que é duro – áspero – bate, e estaca.
O que estala e cresce da terra contra as estrelas.

FILHO POR ESCRITO

Mãe
   mão que rasga
e não costura, turbo
hélice – terra
até a boca.
   É assim que se morre
diante de cada dia
quando o pensamento erra
sem conseguir abrir
nenhum canal
para a instalação da voz
único veículo
capaz de verter
toda esta alma.

VIBRATO

Arrebentação.
Desejo de mar, leões
em riste
céu sem risco de raio
quanto tempo
deve durar um adeus?

Seu corpo está todo aqui
mas não te agarro.
Cara a cara
apenas tocamos a corda
dos dois arcos
que não disparam.

Parados, sem saída
com os corações tão vivos:
animais puros, só de sangue
entre formações de rochas
ou de nuvens – hesitantes
dependentes ainda de definição.

PLANTA

O quarto que sobrou
enviesado
em cima de uma escada
de mão única –
para baixo
com a respiração suspensa
entre dois lances.

Na entrada
o corredor sem recorrência
o grito parado da parede
mudo e vertical
o tempo de uma porta
que se abre e alarga a luz:
duas camas, a lâmpada
espantada na ponta do fio
a campainha
tem tantos e trêmulos
pontos de exclamação.

Ao fundo
a janela dando para dentro
e à esquerda de quem entra
uma mesa sem vida e
sonhos.
Lá fora é o lugar
da voz e limusine negras.

PAI

Me arranco do seu espelho
gago até a medula
e paro
sob o peso de uma dose
subclávio, para cavalo
com nossa vida inteira
exposta a tudo.
A campainha agulha
bate, nas paredes vazias
sem ramal
sem rumo algum.

"Eu vou doer/eu estou doendo"
e o pensamento ferido
prefere acelerar
para não parar na dor
e toma velocidade
a anestesia
da mesma paisagem
do dia aberto e igual
sem horas.
Louco tempo depois
logo após as lágrimas
começa o deserto.

MÃE, MULHER

Beijo a boca de sua alma.
Beijo tudo, através
persiânico.
Beijo o que não quer beijo
o desejo ocluso
o dente desesperado
que contra-ataca.
Beijo ainda, e em cheio
o cheiro de um meio-banho
e o que não é para beijar:
o que não se rende nunca
irredutível
e é absolutamente seu
central, farpado, avesso ao ar.

SEM ACESSÓRIOS NEM SOM

Escrever só para me livrar
de escrever.
Escrever sem ver, com riscos
sentindo falta dos acompanhamentos
com as mesmas lesmas
e figuras sem força de expressão.
Mas tudo desafina:
o pensamento pesa
tanto quanto o corpo
enquanto corto os conectivos
corto as palavras rentes
com tesoura de jardim
cega e bruta
com facão de mato.
Mas a marca deste corte
tem que ficar
nas palavras que sobraram.
Qualquer coisa do que desapareceu
continuou nas margens, nos talos
no atalho aberto a talhe de foice
no caminho de rato.

NA MESA

Opero no espelho.
Corto por dentro e ao contrário.
Reescrevo de novo sob luzes frias
com seus espasmos de réptil:
"letargo, lagarto, largado de mim
mas logo um látego!"
Tiro alguns dentes
raspo a cara zero
a alma, e escamo:
crespo e salgado
escorrendo pro chão.

CÓDIGO DE BARRAS

Escrevo a minha vida.
E o que sai do meu sonho
ou do meu punho
vem pela mesma veia
em dicção urgente.

Entre corpo e alma
a voz dependurada
mistura numa única poção
duas aventuras distintas
no fluxo e no pulso.

Nunca desisto, sempre.
"Antes de virar cadáver
osso, pó filho da puta"
vou assinando tudo sem ver
pois se parar não começo mais.

PEQUENA MORTE

Acabo. Vou pela vertente estreita
rente ao chão e à carne
pela via íntima e úmida
tomando o corpo pela raiz
frontal e viva: fio terra, chicote
de muitas pontas
exatamente múltiplo – venéreo
combinando músculos e números
entre cálculo e acaso
vou no impulso, no arranco
sem ensaio: disparo, desperdício
e paro.

NÚMEROS ANÔNIMOS

(1994)

para Carlos

Você é todo coração, extremo.
Ultrassonográfico e estremecido
a 155 p/minuto
e daqui para frente, bate até o fim.
No início, indiviso, profissional
somente por si mesmo
sem tempo de devaneio
no meio da estática, da tempestade
do outro corpo
que o guarda agora, coeso
e que depois o expulsará
quando você quiser fugir.

* * *

para Carlos

Músculo, mas do coração.
A felicidade é indefensável
e esta casa está tão delicada
até nos pregos
construída e definitiva.
Pratos, copos, toda a louça
e o que é de vidro, vive
plenamente – brilha
sem medo do esplendor.

* * *

Substituir-se, fugir sem rasgar
imprensado entre telefones
perto do que a palavra prega
mas sem sobressaltar o mar
que tal qual lago se larga ao sol
e tocar com a destra, a sinistra
na superfície, ainda.

* * *

Por barbear
com a cara de encontro ao dia
que espeta e arranca
árvores vivas, folhas de guarda
de dentro da noite em claro.
Falso rosto
impossível prever
a variação seguinte
se de sol, se de stress
no espelho sem controle.

Cortaram o que vivia
rente ao risco do chão.
A frio, no açougue
com o machado da chacina.
Mato, no pé da estátua
que se enferruja no céu
e nos canteiros desordenados
razzia a navalha
contra o que ainda respirava
pela raiz.

Falo pela alma
pelo que foge para fora
do concentrado foco do corpo:
rude – com raiva e relva
contra a pele, à contraluz
metade cavalo
pedaço de pedra sem asa
terra a terra, e irredutível
falo
com coração e técnica.

DUPLO CEGO

(1997)

ESCRITÓRIO

Igual ao que as pedras pesam
os livros lidos, relidos e idos
me carregam, não sei se mais
ou menos, do que aqueles que não.
Do que aqueles tantos fechados
ou só folheados que curvam a tábua
da estante, que cavam um lugar
cerrados, cegos de mim, que vão fundo
mesmo ficando parados – à espera
e que apenas as traças atravessam.

LIMITE

Ilha plana de notas cercada
pelo aberto mar inevitável.
Rasa, sem relevos, sem pedra
de montanha ou farol protegendo
o peito contra a indiferença
do céu ... não posso escrever
na linha da arrebentação:
ressaca, rebate em falso
cisco, ideias
com falta de lago, enseada
remanso de rio – respiro.

GRÃO

Toco, instante, início
talvez de uma árvore
que não foi em frente.
Alguma coisa deste lado
insiste, mesmo sem ramais
em sentir o que se passa
no outro
onde cresceu e floriu o rio.
Mas não consegue ouvir tudo
nem ver claro
o que raspa e invade o campo de força
se é não ou sim, se são leões
arremessando contra a presa
ou atividade de índole diversa
sem precisão de imagens
e de trilha sonora – algo alusivo
iludido, oblíquo, contra a parede:
algo de alma, ímã e ruína.

LISPECTOR

Certo ar que não é claro
nem escuro – que é de sol e chuva
ar que não chega ao vento
mas entreabre a porta
um palmo
ou a encosta sem fechar
igual àquela, de Duchamp
hesitante
parada no meio do caminho
interrogativa entre dois portais
em 1927: porta de saída
de entrada, de comunicação?

ZERANDO

Abrir as veias e as gavetas:
ávidas, vazias
viradas pelo avesso.
Me despeço de uma vez
longa vida abaixo
mas não avio
nenhuma viagem ou avião.
Não me visto sequer
nem esvaneço
apenas resto
apesar do vento
que me pega de frente
e me entorna todo
pelos olhos.
Defronte, dispara
o dia lá fora
enquanto eu fico aqui
tão fixo e travado
como no começo de tudo.

FIO TERRA
(2000)

Fio terra (trechos)

20 IV 98　Próximo do pensamento
é difícil nomear o que se escreve.
Tudo é tão palpável e também
espairecido – amálgama do que
a mão aperta e o coração abre.
O que chega é superposto
e sai sem se passar a limpo
sujo de suor, cheio de cabelo:
murmúrio e muro misturados
segregando umidade, melodia
sobre pedra muda, seca – entre
poros – a custo, este segredo.

24 IV 98　Não se escreve aos gritos
mesmo quando se usa caixa-alta
grifo, ou se sublinha com a luz
de outra cor, o que quer sublevar.
Para essa voz feita à mão
não há megafone, tambor tampouco
também não tem o metal dos pratos
nem alto-falante martelando
qualquer música de apoio, ao fundo.
Somente pena, lápis, bic ou tecla
com seus toques, tentativas
mais para perto do silêncio.

28 IV 98   Tem mais de sombra
que de silhueta. Incorpora
as muitas veias emaranhadas
todos os grãos e agruras
da parede onde bate.
Do marrom do morro
que não barra sua marcha.
Se alimenta até da nudez
de qualquer superfície.
Igual à água, entranhando-se
engolindo. Ou ao resumo
brusco que a alma faz do corpo:
mancha, borrão – sem corte
de espírito e perfil apurado
em negro nítido sobre o papel.

3 V 98   Começa o dia e o caderno
ainda de dentro, por entre
as venezianas que listram
de sol e sombra, a folha
agora pautada, sob a mão.
Mas o que consegue ser escrito
na linha que a luz abre
não é tudo nem bastante.
O que ficou atrás, no escuro
do rascunho, cego e rasurado
não para de irradiar – segreda
em código na entrelinha, o que só
passa através de frestas:
sussurro, perigo, perfume.
Embora adiado, insiste
em inscrever-se, intenso.

Se não com as palavras
com as sensações dos sentidos.

[...]

24 V 98   Domingo de solidão e remorso.
Quem morde o quê? Ninguém nem
passa nem toca. Nenhum vento
faz a árvore existir
no meio do dia sem sombra
e além, tarde afora, quando
a luz começa a cair de vez
e parece parar para sempre
um pouco, no pôr do sol.

à noite   Pesa a casa contra o chão
e imprensa o pensamento
do segundo corpo que a dor
impôs ao primeiro, superpondo-o
poderoso, suado, fora de registro.
Rezo com o rosto zero
no oco, no vão, na concha
vazia das mãos. Coração
flagrante, à flor da vida
cada vez mais mortal
descendo o dia a dia
anestesiado da escada
até o terraço de terra.
Árvores, terror, motim
de flores – rifles repentinos
e a alma dessa página

está nela mesma: na vida
do papel, no seu valor de face
que não rende mais ações.

27 V 98   Dia de mão única. De uma linha só.
Reta, rua, avenida, ida, sem ponto.
Ditado direto, de cor. Não se perde
em praças, esquinas, largos
nem se conclui em becos fechados.
Dia de nenhuma vida particular
mas da existência inteira, retilínea.
Dia aberto, com todo céu e chão
parece que não acaba nunca
perpendicular ao horizonte.

28 V 98   De volta. Dia oposto ao de ontem
onde não cabia a dúvida. Dia
que se devora, entra por desvios
do dia a dia de cruzamentos.
Desfechado, desperto, desde cedo
correndo paralelo a sua sombra
que caminha para o encerramento
na noite que não inicia nada.
Nem lua há. Nem o ah! aberto
pelo esplendor de sua face no lago
que não é rasgado por nada
dor nenhum (a), e queda
impassível, no pensamento.

[...]

19 VI 98   Imediato amor: me estreito na frente
de sua garganta escura. Corrimão abaixo
cubículo adentro, à cata de espaço.
O estilo é este – viscoso, em língua
de cobra, ambíguo e bifurcado.
Num átimo, siso e gargalhada
punho e braço, elástico, no bote
no impulso da força do serviço
buscando o atônito alvo de olhos fixos.

20 VI 98   Nudez de lâmpada acesa. Não.
Com C.   Sua luz não é elétrica, não
está por um fio. Tem mais calor
de chama que de filamento.
Chega através da lente do vidro
da janela, da vida do vitral
que apanha o incêndio fora de si
e organiza a combustão, ardendo
sem morder-se por dentro
em resplendor.
Nudez de opalina
que não se demora, leitosa.
É instantânea a têmpera transparente
que quase se desespera, mas escapa
e não se deixa queimar, translúcida
ao iluminar-se.

MÃE, MEMÓRIA

O relógio não marca mais o encontro
e a sua hora, mas o que falta
para a minha, em números pretos
sobre fundo branco, com o ponteiro
dos segundos, pulsando em vermelho.

Quase quatro anos no quarto que era
um quadro onde o tempo das flores
não passava, sempre-vivas, atletas da cor
de pétalas detidas, plásticas, pregadas
em terra falsa feita de pano e cola.

A cura deste dia só se alcança
com o outro dia que também se cura
no seguinte, etc., até que tudo pare
no anel de perfume que ainda cerca
sua pulseira e resiste à dispersão
tanto quanto a lembrança tátil
das mãos mais finas do mundo.

PROCEDIMENTOS

para Sérgio

Escrever, apontando o lápis
direto ao objeto imaginado.
No começo, rombudo, cabeça
de obus – pronto para
a necessária explosão
a rasura, o traço grosso
do primeiro rascunho
ou do que requer o assunto.
Depois, ir aparando, aos poucos
o que precisa de apuro, o risco
fino que se corre ao afiar
a ponta do desejo de dizer
até o ponto mais próximo
do perigo de partir e parar.

OBRA

Morder a mesa porque não consigo.
O coração bate descalço e os óculos
embaçam. Viajo sentindo, sem ver
ao certo, o que passa além da janela.

Paisagem feita no tira-linhas, no túnel
que tumultua, o gráfico tão definido
e o altera, errático: morro, terra, borrasca
árvore desarvorada, ventilador na sombra.

A mão que escreve na ventania
não acompanha mais o que é descrito
pela voz de quem mexe com dormentes
vergalhão e ferro-velho, mas continua
arriscando, fora do suporte, longe
da significação – salvei?

CAÇAR EM VÃO

Às vezes escreve-se a cavalo.
Arremetendo, com toda a carga.
Saltando obstáculos ou não.
Atropelando tudo, passando
por cima sem puxar o freio –
a galope – no susto, disparado
sobre as pedras, fora da margem
feito só de patas, sem cabeça
nem tempo de ler no pensamento
o que corre ou o que empaca:
sem ter a calma e o cálculo
de quem colhe e cata feijão.

NUMERAL/NOMINAL
(2003)

ALTAVISTA

Dar a ver sem ter à vista
e à mão, a coisa em si
com sua tensão e tessitura.
Exemplo: espécie de repuxo
de dedos curvos, irradiados
a partir de uma base. Tudo
em madeira pura para apanhar
e aparar chapéus. Mas que ao ser
deslocado do seu lugar e sentido
e suspenso, em 1917, meio torto
dependurado no espaço, apanha
e apura, também, os pensamentos
daquelas cabeças que se descobriram.

Ou outro repuxo, para "suportar"
garrafas, em 1914, mas sem elas
(como o pega-chapéus, vazio, lá de cima).
Seco, de ferro fosco, perto da ferrugem
com irrigação nula: nem água nem vinho
parecendo ser a sucessão concêntrica
de bocas escancaradas para o céu aberto.
Só dentes, sem língua, saliva. Ou garras.
Ou cabides (?), cartilagens.
Ou costelas de esqueleto não humano
Secando ao sol, dentro do mesmo
processo de desvio e deslocamento, etc.

Agora, em 2000, com o descendente
direto dessas peças: o porta-facas
da Tok & Stok, em bloco maciço.
Cabeça, pescoço, pedaço de tórax
plexo, ou com mais esforço metafórico:
coração de madeira apunhalado
em uníssono, até o cabo, por um
punhado de lâminas, aço-afiadas
de diversos alcances, crimes e fomes.
Nuas, brilhantes, mas sem fúria.
Inoxidáveis, de ar limpo e calmo.
Metódicas, com instruções de uso.

10 ANOS

para Carlos

Flor masculina do meu bosque
seu cheiro começa a ser íngreme
árduo – de cabelo e músculo –
de dias ardidos de escalada.

Subsiste o primeiro suor da noite
inodoro porque em repouso
a pele lisa que a barba e a acne
ainda não contrariam, o ar de entrega

que se mantém embalsamado
pelo sono ou por algum sonho
de maldade, com mulher de celofane.
Mas a infância já se feriu, inevitável
ao entrar na casa de dois dígitos para sempre.

A dor de alterar-se, de altear-se
estala, e a inocência também é de sangue.
Uma e outra se quebram e reanimam-se:
têm o mesmo comportamento, prazo
bravio e breve, das ondas no mar.

DNA, CDA

Nasce, sob a sentença do anjo sujo de sombra: vai ser gago na vida. Aos 10 anos conseguiu escrever dez linhas sobre o Polo Norte. O rosto ardeu. A poesia foi igual. Ardor, ardência entre dois polos irreconciliáveis: fogo, frio, na mesma estação, estrofe, verso. Enrustido, Sísifo, sua pedra sua, feita de si mesmo. Viveu só do próprio fígado ou enigma, mas não ficou à escuta, saiu à cata, com interrogações irrespondíveis, rasgando o silêncio do papel, sem deixar passar em branco tudo o que podia ser marcado com letra minuciosa, maníaca, implacável, quase um gráfico que anota o tremor da terra sem tremer a mão. Escorpião debaixo da pedra, que não o esmigalha, o incorpora à sua esfinge, com o retorcido ferrão perscrutador, que ao [se] picar sem piscar, maquinal, não desviando o olhar de Deus, recua, recorrente, em riste. Nesta lâmina, é a imagem. "Sem se matar morreu quando quis", a legenda.

SÃO CASTILHO

para todos os tricolores da velha-guarda

Voo através da atenção
de um canto a outro: atrás
a linha fatal do último
reduto, a rede que segura
a dolorosa bola indefensável
quando cai a meta e a metáfora.

Reunidos numa só entidade
arco, flecha, arqueiro que se lança
que defende o(s) disparo(s)
o(s) tiro(s) à queima-roupa
fechando o ângulo da trave
no chão, onde não prospera a grama.

Quase sempre de cinza
sobrancelhas cerradas e cenho
franzido, a separação
dos dentes da frente
o dedo mínimo cortado
e o mergulho sem fim no final.

FOTOGRAFIA

Não amava o amor. Nem as suas provas.
Amava sua engrenagem. A urdidura
do palco, o holofote cego
com a possibilidade da luz.
A cortina caindo em pano rápido
na boca de cena, sob o coração imaginário
artificial e monitorado, diverso
daquele que batia dentro de si:
sem controle – na bela e na fera.

AA

Proximidade tóxica, sufocante
e distância de deserto.
Torções de gênero e sentido
não se sabendo onde tocava.
Qual hálito era qual
na respiração boca a boca?
Amor e rancor, até hoje
em trança, apertada por nós
que não se desatou
com a desordem da morte.
Nem assim os dois feixes
se despentearam e desistiram
do duro duelo medido, fio a fio.

PESSOAL E TRANSFERÍVEL

Na primeira pessoa. No contrafluxo.
Em pé, encruado, sentindo a força
dos cabelos, das unhas, do dente decisivo
de camisa encardida, cheirando a suor.

Mando o que está escrito na cara
na testa, onde a linha do pensamento
que segue, à sombra, irregular e pontilhada
corresponde às rugas de expressão fixas
que interrogam, rudes, mas nem esperam
resposta, recepção, reflexo:
sim, sou eu, cercado, à cata de sentido.

OCORRÊNCIA

Sempre que me lembro, levanto
a cabeça espatifada do chão.

Gesto repetido, refrão sozinho e árido
na área final do pensamento:
não se enxertou ao braço
que não pôde alongar-se para
amparar, para parar a cabeça
que quando me lembro levanto
sempre do chão, com o gesto
inexistente e/ou amputado.

E que volta, em fantasma, não tanto
como imagem e sim como impulso
dentro da vontade retrospectiva:

a mão no meio dos cabelos empapados
sustentando a cabeça caída, segurando
mais o som imaginado, a percussão da queda
no solo de cimento, do que o vero osso
occipital, a nuca – não chego a tempo nunca –
mas sempre que me lembro levanto
a cabeça espatifada do chão.

ÚNICO

Depois que os pais passaram
a paisagem é recortada rente
nas costas, e não se pode dar
passo atrás, pois não há mais
pátio, casa, quintal, chão.
Em abismo, só o espaço que já
ambientou imagens com os significados
implícitos da enumeração acima.
Cenas e cenários foram retirados
furtivamente – dia sim
dia não, mais dia, menos dia –
e quem fica, deslocado, sem pano
de fundo e continuidade, fica
só, contra o fundo infinito.

RARO MAR
(2006)

OUTRA RECEITA

Da linguagem, o que flutua
ao contrário do feijão à João
é o que se quer aqui, escrevível:
o conserto das palavras, não só
o resultado final da oficina
mas o ruído discreto e breve
o rumor de rosca, a relojoaria
do dia e do sentido se fazendo
sem hora para acabar, interminável
sem acalmar a mesa, sem o clic
final, onde se admite tudo –
o eco, o feno, a palha, o leve –
até para efeito de contraste
para fazer do peso – pesadelo.
E em vez de pedra quebra-dente
para manter a atenção de quem lê
como isca, como risco, a ameaça
do que está no ar, iminente.

EMULAÇÃO

Sua morte empurrou minha mão.
Sua mão pesa sobre a minha
e a faz escrever com ela
não como luva de outra pele
mas como enxerto de outra carne
emperrada, como a vida dela
que parou, e vai apodrecendo
dentro da minha, suando suor igual.

LAUDO

Sua mão de enxada imprópria
para a pena, cheia de nós e veias
não combina com a magreza
do braço, do corpo, do corte reto
do perfil que o nariz conduz na face
feita a traço, com a linha fina
da boca, de voz travada, taquigráfica
com os olhos de bola de gude azul
atrás do aro dos óculos de tartaruga.

Sua mão grossa é para medir
o espaço das perdidas fazendas
e anotar no livro-razão, não o ar
o céu que as cobre, o sublime
controle das nuvens, a palavra
precisa e preciosa descoberta
mas o deve & haver da criação
no dia corriqueiro que a vida
e a morte transpassam indiferentes.

TRÊS TIPOS DE PEDRA

A sucessiva montanha de Sainte-Victoire
vista de várias distâncias.
A Catedral de Rouen
diante das diferentes horas do dia.
O Empire State, filmado sem parar
com a câmara parada – frontal
acendendo e apagando suas janelas.

SEGREDO

Boca rasgada na vertical, costura
fechada de cabelos ao longo.
Negror e cor cinza-rosa murcha
no fundo, no centro, botão perceptível
que se exaspera
chegando até ao escarlate, ao esmalte
vermelho vivo das unhas molhadas
ao sangue mesmo – entre, no meio.

2004

Com a ablação do mar, resta o rochedo absoluto.
Chão de marte, da guerra e intempérie.
Trovoada de cachorros, árvore gaga e magra.
Entre prédios detonados, vinte anos depois
a pele difícil da agreste juventude: desmanche
de crianças, jardim travado, não verdeja, deu pau.

INÉDITOS

SECRETÁRIA

Voz de mulher paulista, escandida
paulatina, voz sem cuspe, hálito
escrava branca eletrônica
não altera nunca o penteado
nem a ênfase da mensagem
somente o volume, que eu comando
e quando a ligo, a qualquer hora
tem a mesma cara maquinal
pré-cama, lisa, lavada, talvez
com um ar de ruge e batom cor de boca
quando recita suas instruções
de autorrecepção. Diferente da voz
de aeroporto ou de aeromoça
que não se faz de saguão
ou aeronave, esta é interna, própria
da máquina, contida, tesuda
que me detém à escuta, de noite.

IMPRENSA

Paro pra pensar. Parar de pensar
sobre o pensamento arrastado
se machucando, que não para.
Ruas ásperas, cortadas por outras:
asfalto bruto, esquinas, lataria
meios-fios desdentados, lancinante
que se irradiam por quilômetros
de piso ruim, irritado por buraco
pobreza, acne, suor ardido e sujo
nas explosões nuas do tórax e bíceps
na raiva dos cabelos irados, nas caras
urgentes que se metem, descascadas
nos rádios, tevês, em tabloides dolorosos.

PARA ESTE PAPEL

Escrito neste papel onírico
feito de vestígios de nuvem
o poema procura não pesar
nem ferir o sono da folha debaixo.
Prefere que transpareça o sonho
a magia que animou a mão
e a elevou, até tocar o céu.

O que pousa nesta página
não marca, nem com a tinta
da pena, a sua face oferecida.
Não marca, mas pretende apontar
o que está atrás da aparência
que o círculo da lâmpada não ilumina
que o aro do sol não queima.

(o outono é ponte)
Alice Sant'anna

Estas folhas não numeradas
existem para acolher melhor
qual estágio da expressão?
O do insistente verão que o sol
declama? O da lâmina do inverno?
Ou o das passagens, das pontes
e poentes, do outono e primavera?

A caligrafia busca a beleza
através da letra: traço, volteio
que a mão treinada realiza
dentro da pauta estreita.
Na contramão, a outra, selvagem
tem estilo diferente: livre e preso
no gráfico acidentado dos sentidos.

p/ Cri

Sua pele, sua palma aberta
aceita minha escrita leve.
Se a força de antes, que calcava
se foi, o que ficou, perto do fim
ainda deseja cobrir, com amor
a distância inconquistável, talvez
por natureza, terra de ninguém.

Que o vento não venha
dar asas às folhas
e não à imaginação, não
as solte dos seus ramos, não
as perca, nem por um segundo
as esqueça, sobre a mesa
sem o peso de um peso de papel.

Não passem, estas páginas, depressa.
Não se perca logo o matiz de sua tez
feito de um flagrante do ar livre.
Fiquem aqui as palavras escritas
resistindo ao desmaio do esmaecer.
A transparência deste papel, pelo
menos, não se rasgará com o tempo.

TERCETOS NA MÁQUINA

Tercetos terríveis
de tantas arestas soldadas
sem cuidado e melodia.

Suas linhas diferem
em alcance e precisão
além de toda medida.

O pensamento não parou
para refinar um pouco
a irrecusável caneta de ferro

ora em brasa, ora gélida
na escritura minuciosa
no contraforte da montanha

onde a aparição – esfinge
tácita – se debatia
atrás da couraça imóvel.

Atrás do coração controverso
que não se expunha
para fora do seu pulso

mostrando em baixo-relevo
na treva do chão, a ferrugem
da existência corroída pela dor

inevitável, inerente
apesar da mirada azul
do olhar e da serra.

Que não poupava ninguém
no corte da sua herança:
laços de sangue coagulados

há tanto, na terra devoluta
que escorreu, entre os dedos
fracos e quebrados do malvisto

nascido para o desmonte
e carência, enquanto crescia
sob a luz da derrisão.

Iluminação negativa provinda
de um sol desligado, repentino
que ainda brilha na memória

da retina, e vai se retirando
dentro do passo do dia
quando cai, no lusco-fusco

em meio à pedra e céu
e atinge o instante do equilíbrio
de perfil e fundo, no ar.

Maio não há nesta tarde
sem eflúvios, nem flores
em coro, no campo ermo.

A perfeição da morte
longe da mortalha de Minas
no esquife que estala

o verniz novo, forrado
de exato fustão áspero
capitonê, e o corpo

enverga o rigor do seu rosto
que se acentua pela decisão final
e irrecorrível, que transpira

através do terno grosso
na noite dos livros fechados
na escrivaninha, depois exposta

dependurada na abóboda, numa
espécie de mudança interrompida:
nem nave ou ave metafórica

mas mesa de madeira irredutível
que cede à transcendência
absorvendo os riscos, os lanhos

com suas gavetas fechadas
de chaves perdidas para sempre
recuando para o lenho original

durante o rosário de horas do relógio
da escrita suspensa e superposta
de releitura detida, no tampo

em que o encaixe se fixou
a martelo e pregos batidos
até o fim, até que, da ponta

à cabeça, cada um desapareceu
na espessura do cedro duro
seco, estanque.

O nome chegou antes do féretro.
Letra por letra composto
e alfinetado no veludo negro:

exposição aguda debaixo de luzes
em riste, em pleno uso
sobre o casco opaco, irremediável.

Já sem mediação ou escanção
imediata, o vinho do seu copo
a vida e o verso se adensavam:

se reuniam, concentrados
em uma só sentinela
e o seu brusco sentir silencioso

se distribuía, cifrado, não oferecido
nas entrelinhas tortas, escuras
feitas de recusa, remorso, labirinto.

O desígnio da clara esfinge
é difícil – refulgenigma
no sol-posto, seu recorte:

pedra bruta sem preparo
ensimesmada na estrada
coisa em si, sem fim.

Escrito a partir da leitura do livro
Razão da recusa, de Betina Bischof.

BIOBIBLIOGRAFIA

Armando Freitas Filho nasceu no Rio de Janeiro, em 18 de fevereiro de 1940.

Sua obra literária tem merecido a atenção da crítica especializada destacando-se, entre outros, artigos, resenhas, prefácios, dissertações de mestrado e doutorado de: Eduardo Portela, José Guilherme Merquior, Heloisa Buarque de Holanda, Luiz Costa Lima, Silviano Santiago, Ana Cristina César, Viviana Bosi, José Miguel Wisnik, Sebastião Uchoa Leite, Ronald Polito, Sergio Alcides, Célia Pedrosa, Eduardo Guerreiro, Nonato Gurgel, Marcelo Diniz, Maria Rita Kehl, Marcelo Coelho, Maria Betânia Amoroso, Eduardo Coelho, Mario Alex Rosa, Cristiane Lemos Rodrigues, João Camillo Penna, Mariana Quadros, José Felipe Mendonça da Conceição, Ligia Cademartori, Mônica Rodrigues da Costa, Juliana Krapp, Rodrigo Fonseca, Mariana Resende Gontijo Campos, Claudio Daniel, André Dick e Luiz Fernando Medeiros de Carvalho.

Poeta édito há 47 anos, publicou:

Poesia

1. *Palavra*. Rio de Janeiro: [s.n.], 1963.
2. *Dual* (poemas-práxis). Rio de Janeiro: ed. particular, 1966.

3. *Marca registrada*, 1966-1969 (poemas-práxis). Rio de Janeiro: Pongetti, 1970.
4. *De corpo presente*. Rio de Janeiro: [s.n.], 1975.
5. *Mademoiselle Furta-Cor*: oito poemas eróticos de Armando Freitas Filho. Ilustrações de Rubens Gerchman. Edição composta e impressa manualmente por Cléber Teixeira. Florianópolis: Noa Noa, 1977.
6. *À mão livre*, 1975-1979. Rio de Janeiro: Nova Fronteira, 1979.
7. *Longa vida*, 1979-1981. Rio de Janeiro: Nova Fronteira, 1982.
8. *A meia voz a meia luz*. Rio de Janeiro: [s.n.], 1982.
9. *3X4*, 1981-1983. Rio de Janeiro: Nova Fronteira, 1985.
10. *Paissandu Hotel*. Projeto gráfico de Salvador Monteiro. Rio de Janeiro: [s.n.], 1986.
11. *De cor*, 1983-1987. Rio de Janeiro: Nova Fronteira, 1988.
12. *Cabeça de homem*, 1987-1990. Rio de Janeiro: Nova Fronteira,1991.
13. *Números anônimos*, 1990-1993. Rio de Janeiro: Nova Fronteira, 1994.
14. *Dois dias de verão*. Com Carlito Azevedo. Ilustrações de Artur Barrio. Rio de Janeiro: 7Letras, 1995.
15. *Cadernos de Literatura 3*. Seleção de Adolfo Montejo Navas. Rio de Janeiro: Impressões do Brasil, 1996.
16. *Duplo cego*, 1994-1997. Rio de Janeiro: Nova Fronteira,1997.
17. *Erótica*. Ilustrações de Marcelo Frazão. Rio de Janeiro: Velocípede, 1999.
18. *Fio terra*, 1996-2000. Rio de Janeiro: Nova Fronteira, 2000.
19. *3 tigres*. Com Vladimir Freire. Rio de Janeiro: ed. particular, 2001.

20. *Sol e carroceria.* Serigrafias de Anna Letycia. Rio de Janeiro: Lithos, 2001
21. _____. Edição fotocopiada a partir do álbum lançado em 2001. Concebida por Sergio Liuzzi.
22. *Máquina de escrever:* poesia reunida e revista. Rio de Janeiro: Nova Fronteira, 2003.
23. *Tríptico.* Arte gráfica de André Luiz Pinto. Rio de Janeiro: [s.n.], 2004.
24. *Trailer de Raro mar.* Plaquete composta por Ronald Polito. Rio de Janeiro: Espectro Editorial, 2004.
25. *Raro mar,* 2002-2006. São Paulo: Companhia das Letras, 2006.
26. *Para este papel.* Realização de Sergio Liuzzi. Acabamento de Paulo Esteves. Rio de Janeiro, 2007.
27. *Tercetos na máquina.* Plaquete composta por Ronald Polito. São Paulo: Espectro Editorial, 2007.
28. *Mr. Interlúdio.* Ilustrações do autor. Realização de Sergio Liuzzi. Rio de Janeiro: [s.n.], 2008.
29. *Lar,* 2004-2009. Prefácio de Vagner Camilo. São Paulo: Companhia das Letras, 2009.

Objeto

W – homenagem a Weissmann. Concepção e poema: Armando Freitas Filho. Realização e arte gráfica: Sérgio Liuzzi. Bula: Adolfo Montejo Navas. Pintura e acabamento: Paulo Esteves. Rio de Janeiro: [s.n.], 2005.

Ensaio

Anos 70: literatura. Com Heloisa Buarque de Holanda e Marcos Augusto Gonçalves. Rio de Janeiro: Europa, 1979.
O descobrimento de Cabral. Prefácio para o livro *O cão sem plumas*, de João Cabral de Melo Neto. Rio de Janeiro: Objetiva, 2007.

Literatura infantojuvenil

1. *Apenas uma lata*. Rio de Janeiro: Antares, 1980. Prêmio Fernando Chinaglia, 1980.
2. *Breve memória de um cabide contrariado*. Rio de Janeiro: Antares, 1985.

Tabloide

1. *A flor da pele.*Fotografias de Roberto Maia. Rio de Janeiro: [s.n.], 1978.
2. *Loveless!* Gravura de Marcelo Frazão. Rio de Janeiro: Impressões do Brasil, 1995.

CD

O escritor por ele mesmo: Armando Freitas Filho. Rio de Janeiro: Instituto Moreira Salles, 2001.

DVD

Fio terra, de João Moreira Salles. Rio de Janeiro: Instituto Moreira Salles/Vídeo Filmes, 2006.

Colaboração

Poemas em *Doble identidad/Dupla identidade*, de Rubens Gerchman. Bogotá: Ediciones Arte Dos Gráfico, 1994. Os poemas foram vertidos para o espanhol por Adolfo Montejo Navas e para o inglês por David Treece.

Organização e introdução

1. CÉSAR, Ana Cristina. *Inéditos e dispersos:* poesia/prosa. São Paulo: Brasiliense, 1985.
2. _____. *Escritos da Inglaterra*: tese e estudos sobre tradução de poesia e prosa modernas. São Paulo: Brasiliense, 1988.
3. _____. *Escritos no Rio*: artigos/resenhas/depoimento. Organização e prefácio. Rio de Janeiro: Editora da UFRJ; São Paulo, Brasiliense, 1993
4. _____; HOLLANDA, Heloisa Buarque de; FILHO, Armando Freitas. *Correspondência incompleta*. Rio de Janeiro: Aeroplano, 1999.
5. _____. *Novas seletas*. Organização. Rio de Janeiro: Nova Fronteira, 2004.

Recebeu, em 1980 o Prêmio Fernando Chinaglia, com o livro *Apenas uma lata*. Em 1986, com *3X4*, em 2003, com *Máquina de escrever,* e em 2007, com *Raro mar*, recebeu o Prêmio Jabuti, concedido pela Câmara Brasileira do Livro. Em 2000, com o livro *Fio terra*, o Prêmio Alphonsus de Guimaraens, concedido pela Fundação Biblioteca Nacional. Em 2001, ganhou a Bolsa Vitae de Artes. Em 2009, começou a ser rodado, *Manter a linha da cordilheira sem o desmaio da planície*, filme de Walter Carvalho, sobre sua vida e obra.

ÍNDICE

Prefácio 7

PALAVRA (1963)

Dois movimentos de pedra 1 e 2 37
Corpo 38
Noturno 39
Cirurgia 40
Projeto 41

DUAL (1966)

Flash 44
Recanto 45
Ressonar 46
Corporal 1, 2 e 3 47

MARCA REGISTRADA (1970)

Entretempo 52
Vida apertada 54
Giacometti 56
Sociedade Anônima 57
Capital Federal 59

DE CORPO PRESENTE (1975)

Cinco sentidos 62
Texto 64
Sensorial 65
Duas notas 67
Cidade gráfica 1º, 2º e 3º riscos 68
Comunicações 71
Autorretrato 73
Copião 75

À MÃO LIVRE (1979)

Mr. Interlúdio 78
Cidade maravilhosa 84
Corpo de delito I e II 88

LONGA VIDA (1982)

[Escrevo] 92
[Escrevo] 92
[A mão que escreve] 93
[Concorro ou simplesmente] 93
[Fazer um poema] 94
[Só e sem sol] 95
[As paredes têm ouvidos] 96
[De novo] 98

3 X 4 (1985)

[Na beira] 102
[Arrancadas tão depressa] 102

[A tarde precipita sua cor] 102
[O lago degolado] 103
[Nuvens que navegam] 103
[O vento vingador] 104
[De olhos vendados] 104
[Leio de um só gole] 105
[1.X.82, sexta, meia-noite e meia] 105
[Todo céu é anônimo] 106
[Cri é puro jazz] 106

DE COR (1988)

Depois de A. C. 110
Na área dos fundos 112
Num pedaço de papel 113
Ravel 114
A C. 115
Chão 116
Curto, puro, urgente 117
Rock 118

CABEÇA DE HOMEM (1991)

Ar 120
Filho por escrito 121
Vibrato 122
Planta 123
Pai 124
Mãe, mulher 125
Sem acessórios nem som 126
Na mesa 127

Código de barras 128
Pequena morte 129

NÚMEROS ANÔNIMOS (1994)

[Você é todo coração, extremo.] 132
[Músculo, mas do coração.] 132
[Substituir-se, fugir sem rasgar] 133
[Por barbear] 133

DUPLO CEGO (1997)

Escritório 136
Limite 137
Grão 138
Lispector 139
Zerando 140

FIO TERRA (2000)

Fio terra (trechos) 142
20 IV 98, 24 IV 98 142
28 IV 98, 3 V 98 143
24 V 98, à noite 144
27 V 98, 28 V 98 145
19 VI 98, 20 VI 98 146
Mãe, memória 147
Procedimentos 148
Obra 149
Caçar em vão 150

NUMERAL/NOMINAL (2003)

Altavista 152
10 anos 154
DNA, CDA 155
São Castilho 156
Fotografia 157
AA 158
Pessoal e transferível 159
Ocorrência 160
Único 161

RARO MAR (2006)

Outra receita 164
Emulação 165
Laudo 166
Três tipos de pedra 167
Segredo 168
2004 169

INÉDITOS

Secretária 172
Imprensa 173
Para este papel 174
Tercetos na máquina 176
Biobibliografia 181